北京市哲学社会科学基金项目

中共北京市委教工委北京高校思政工作研究课题战略项目资助

“00后”大学生思想行为特点与引导对策研究

沈千帆　主编

北京工业大学出版社

图书在版编目（CIP）数据

“00 后”大学生思想行为特点与引导对策研究 / 沈千帆主编 . — 北京：北京工业大学出版社，2023.4

ISBN 978-7-5639-8351-3

Ⅰ. ① 0... Ⅱ. ①沈 ... Ⅲ. ①大学生—思想政治教育—研究—中国 Ⅳ. ① G641

中国版本图书馆 CIP 数据核字（2022）第 083714 号

“00 后”大学生思想行为特点与引导对策研究

“00 HOU” DAXUESHENG SIXIANG XINGWEI TEDIAN YU YINDAO DUICE YANJIU

主　　编：沈千帆

责任编辑：尹　航

封面设计：郭　鹏

出版发行：北京工业大学出版社

（北京市朝阳区平乐园 100 号　邮编：100124）

010-67391722（传真）　bgdcbs@sina.com

经销单位：全国各地新华书店

承印单位：北京虎彩文化传播有限公司

开　　本：710 毫米 ×1000 毫米　1/16

印　　张：11.75

字　　数：190 千字

版　　次：2023 年 4 月第 1 版

印　　次：2023 年 4 月第 1 次印刷

标准书号：ISBN 978-7-5639-8351-3

定　　价：36.00 元

前　言

高校大学生思想政治教育工作历来都是我党高度重视的战略工程。在全国高校思想政治工作会议上，习近平总书记明确指出了“培养什么样的人才，如何培养人，为谁培养人”的问题，提升了高校做好大学生思想政治教育工作的积极性和紧迫感，为高校加强和改进思想政治工作确定了核心点和着力点。党的十九大报告指出：“建设教育强国是中华民族伟大复兴的基础工程，必须把教育事业放在优先位置，加快教育现代化，办好人民满意的教育。”报告同时指出，全党要关心和爱护青年，为他们实现人生出彩搭建舞台。

青年大学生是国家的希望和未来，是国家最宝贵的人力资源。高校肩负着塑造与培养青年大学生牢固树立社会主义核心价值观的伟大历史使命。青年大学生价值观的“第一颗扣子”扣什么、怎么扣，直接决定着我国整个社会未来的价值取向和社会主义道路的发展方向。作为未来发展的生力军，如何引领“00后”大学生自觉树立和践行社会主义核心价值观，是摆在我们思政教育工作者面前的重大课题，本书由此应运而生。

本书是参与“‘00后’大学生思想和行为特点与引导对策研究”项目的相关人员集体智慧的结晶。本书由沈千帆负责总体设计和统稿，各部分分工如下：背景研究部分由李敏、黄荟宇、杨帆、付坤（按章节排序，下同）完成；理论研究部分由安哲锋、王海燕、李佳斌、赵嘉路、陈晨、王岚完成；定性研究部分由王丽君、康晨、焦帅、沈慧、兰洋、季娟娟完成；问卷研究部分由韩孟婷、贯爽、苏筱、包仿冉、王馨怡完成；策略研究部分由韩薇、白洁、于磊、朱笛、李冉完成；实效性研究部分由余乙兵、康娜、黄荟宇、柴彬彬完成。同时要感谢项目专家评审们提出的宝贵意见，以及北京工业大学各个部门和北京工业大学出版社对于本书所做研究给予的支持和配合。

由于作者水平有限，本书难免存在一些疏漏及不足之处，恳请大家批评指正。

目　录

第一章
研究背景与意义

一、研究新背景

（一）高校大学生思想政治教育工作的重要性

高校大学生思想政治教育工作历来是我党高度重视的战略工程，中共中央、国务院先后制定出台了一系列文件指导高校大学生思想政治教育工作扎实有效开展。《关于进一步加强和改进大学生思想政治教育的意见》（中发〔2004〕16号）中明确指出“青年大学生是优秀宝贵的人才资源，是国家和民族的希望，是祖国发展的未来”。高校要始终坚持“科教兴国、人才强国”的目标要求，高度注重大学生思想政治素质提高，不断加强和改进大学生思想政治教育工作，将大学生真正培养成为社会主义事业建设者和共产主义接班人。《关于进一步加强和改进新形势下高校宣传思想工作的意见》（中办发〔2014〕59号）中强调：在新的历史时期和新要求下，我国高校具有崇高地位并承担着重要历史使命。这些战略性要求，对推进我国高等教育的全面健康发展，更好地服务于党和国家工作的大局提出了新要求，具有重大而深远的意义。

在党的十八届六中全会后，以习近平同志为核心的党中央组织召开了专题研究高校思想政治教育工作及党的建设的特别会议。在全国高校思想政治工作会议上，习近平总书记明确指出了“应该办什么样的大学，怎样办好大学，培养什么样的人才，如何培养人，为谁培养人”等问题，提高了高校做好大学生思想政治教育工作的积极性和紧迫感，提出了加强和改进高校思想政治工作的核心点及着力点。在全国教育大会上，习近平总书记提到"思想政治工作是学校各项工作的生命线"，在培养学生的过程中，要在"坚定理想信念、厚植爱国主义情怀、加强品德修养、培养奋斗精神、增长知识见识、增强综合素质"上下功夫，培养德、智、体、美、劳全面发展的社会主义建设者和接班人。

高校作为培养青年人才积极成长的重要园地，义不容辞地肩负着培养青年大学生牢固树立社会主义核心价值观的伟大历史使命。青年大学生价值观的"第一粒扣子"扣什么、怎么扣，直接决定着我国整个社会未来的价值取向和社会主义道路的发展方向。引领"00后"大学生自觉树立和践行社会主义核心价值观，高校应始终坚持走社会主义办学道路，把思想政治工作贯穿教育教学全过程，一切工作"围绕学生、关照学生、服务学生"，不断提高学生思想水平、政治觉悟、道德品质、文化素养，让学生成为德才兼备、全面发展的人才。

（二）"00后"大学生给思想政治教育带来的机遇及挑战

在"00后"大学生身上，我们能看到许多新时代教育方法培养出的优秀品质，如较强的竞争意识、沟通能力、知识获取能力、网络技术运用能力、处世能力等；也能看到一些消极因素的存在，如过度追求自我价值实现、抗打击能力差、太过务实等。"00后"大学生的这些群体特征，给新时代思想政治教育带来新的机遇和挑战，分析并梳理这些机遇和挑战，是做好其思想教育工作亟待解决的重要命题。

1."00后"大学生给思想政治教育带来的机遇

"00后"大学生具有强烈的主体意识，主要指其具有自主选择人生道路的意识、靠自身的奋斗去实现人生目标的意识、依赖知识储备及经验进行选择的意识等。这些主体意识的存在已经为高校思想政治教育的发展奠定了良好基础，目前的教育策略应在个体意识上予以辅助和修正。

"00后"大学生具有较强的创新思维，在分析问题、解决问题时，往往能够给出出其不意的解决思路。由于互联网在"00后"大学生成长中有重要影响，一定程度上削弱了传统教育的时效性，所以“00 后”大学生的思维较少受到传统思维模式的影响，也较少受到传统习惯、风俗的影响，反而会因互联网的影响，对传统教育的内容进行深入的探究和思考。网络的普及也使得发散思维、形象思维、直觉思维等占据他们思维模式的主导地位，若将“00后”大学生的创新思维模式合理地运用到高校思想政治教育中，势必能推动思想政治教育的创新发展。

“00 后”大学生具有较强的知识获取能力，善于运用新的途径和视角获取自己需要的知识。在他们看来，学习不能局限于课堂和书本，还应扩展到时事、娱乐、体育等各个方面，他们这种多渠道、多方式的知识获取能力比“80 后”“90 后”大学生更强。思想政治教育工作者应把“00 后”大学生身上突出的学习能力结合到思想政治教育中，使“00 后”大学生更深入地认识思想政治教育的内涵，在更高层面实现思想政治教育的目标。

2.“00 后”大学生给思想政治教育带来的挑战

习近平总书记曾提出对青年大学生的殷切期望：“青年一代有理想、有本领、有担当，国家就有前途，民族就有希望。”有理想和担当才是“00 后”大学生应有的精神状态。然而，由于与“80 后”“90 后”的成长背景不同，“00后”大学生有时把成功定义为个人价值的实现。过度理性、过度务实、过度个性化给思想政治教育带来的挑战是极大的，它们将严重削弱思想政治教育对“00 后”大学生思想引领、价值观塑造等方面所起到的作用。因此，如何解决“00 后”大学生的理想信念问题，如何帮助“00 后”大学生树立正确的世界观、人生观与价值观，是当下思想政治教育面临的一大新难题。

“00 后”大学生的需求呈现出碎片化、易变化的特点。与其他年龄段的人不同的是，许多“00 后”大学生追求的是能满足自身、小众的东西，并在较小范围内建立交际圈。比如，“B 站”（指“哔哩哔哩”，现为年轻人潮流文化娱乐社区和视频平台）上盛行的“萌王、燃王年度投票”，不为大众所知，却深受“00 后”群体的喜爱。“00 后”大学生的需求还呈现出易变的特点，他们喜欢新奇事物，却很少持续投入精力，他们会在日常生活中不断寻求“新惊喜”。“00 后”大学生的这些特征要求思想政治教育活动必须具备更高的含金量。思想政治教育如何满足“00 后”大学生的碎片化、易变化的需求是亟待解决的现实问题。

二、文献研究

综观现有围绕“00后”大学生的研究，主要集中在以下内容。

（一）关于“00后”大学生特点的研究

“00后”指2000年1月1日到2009年12月31日出生的公民，也泛指出生于20世纪90年代末21世纪初的人。①2018年，“00后”一代作为一股新的有生力量迈入大学生活，作为高校教育工作者，我们应找准“00后”大学生的群体特点，把握住他们与往届学生的时代性差异，对其教育策略进行深入探索，从而更好地整合和提供教育资源，引领学生自觉树立和践行社会主义核心价值观，为中国特色社会主义建设工作提供强大的后备力量。

1. 个体意识强烈

社会意识趋于个性化是“00后”大学生的一大特点。首先，从社会宣扬的主流观念上来说，“00后”成长的年代是一个提倡开放、独立和自由的年代。调查显示，“00后”的父母多出生于20世纪70年代，他们中受过高中及以上教育的占59%。② 因此，在成长过程中，“00后”享有比前几代人更好的物质条件和教育条件，父母也更重视其个体的发展，除了学校教育之外，还会拓展孩子的其他兴趣与特长，这也使得“00后”的综合素质较高。因此，“00后”在此背景下出生、成长并接受教育，在长期的熏陶下自然而然地拥有了强烈的个体意识。

其次，从“00后”大学生的思维方式来说，他们受物质条件制约较少，更注重个体的情感体验和价值体现，渴望表达个人意愿，不愿意屈从于他人的想法，从而限制自己的思想。从社会主义市场经济的环境来看，“00后”的发展空间越来越大，个体的可塑性越来越强，与此同时，他们面临的对于个

---

① 文希．主流媒体“00后”报道的议题设置与媒介形象塑造——基于《中国青年报》的内容分析［J］．北方传媒研究，2018（06）：76-77.

② 贾劲松．加强“00后”大学生理想信念教育研究［J］．高校论坛，2018：（34）.

人能力和知识储备的挑战也越来越大。为此，他们在潜意识中会更加注重个人意识表达的效果，以及对个人权益的保护，会更加努力实现个性化的价值追求。另外，由于互联网每天能够提供数以万计的海量信息，学生只要上网就能够接收到四面八方的各种消息，因此久而久之他们中有很多人就会形成跳跃性较强的思维特点。很多“00后”学生将自己的想法看得十分重要，他们渴望自己的意愿得到尊重，希望自己能够跟随内心的想法做出行动。

相比较“90后”，“00后”更多呈现出坦率直接的性格特点，其自我意识更为强烈。他们深受以人文主义和科学精神为表征的现代文明的洗礼，很少受到传统伦理观念的束缚，表现出鲜明的主体性特征。新时代大学生高扬的主体意识既得益于开放包容的社会“大环境”，又受益于“尊重学生主体地位”的教育“小环境”。受这种“大环境”与“小环境”的共同熏陶，新时代大学生表现出强烈的主体意识，也带有打破常规的反叛意识。在校期间，他们有时会利用各种方式，甚至是不正确的方式方法展现自己强烈的主体意识。

2. 学习方式灵活

“00后”大学生的父母受教育程度整体水平较“80后”“90后”的父母有所提高，家庭经济水平相对优越，和子女之间享有平等、互动、开放的亲子关系。他们更加注重对子女在综合素质和学习能力上日积月累的培养，而不采用具有强制性和压迫性的教育方式。这种家庭教育环境使“00后”大学生获取知识的方式和渠道更加多样化，对于事物具有较强的接受和认知能力，他们不再拘泥于课本知识的学习，也不会对于课堂教育有很强的叛逆心理，而是更加注重通过实践、体验和网络等新的方式进行学习。

但同时，“00后”大学生还存在辨别力差的特点。当前，网络信息技术发展迅速，新媒体、新平台、新方式如雨后春笋般不断出现。作为网络时代“原住民”的“00后”，能够多渠道、大范围地接收到各类信息资源，快速化、碎片化的网络信息逐步占据了他们的知识体系，他们所接触到的信息甚至可能比家长、老师等更加丰富。但“00后”大学生思想尚未完全成熟，易被网络中潜在的负面信息侵扰，辨别力差，难免会被不良的网络信息所影响，不利于正确的价值观的形成。

3. 网络行为多样

"00后"被称为"数字土著"[①]，这是因为从出生开始，"00后"就广泛接触互联网呈现的信息，网络对他们而言像空气、水源一样无处不在又必不可少。从他们的思维方式到娱乐方式，都可以印证他们是"移动互联网的一代"。

"00后"大学生思维活跃、思想方式灵活多变，这得益于他们成长在信息技术飞速发展的时代，他们能够多渠道、大范围地接收各种信息资源，但这也造成了他们过度依赖于网络的行为习惯。当网络成为他们认识世界的主要来源时，若没有正确的引导，他们很容易因缺乏分辨力而全盘接受各种信息；当网络成为他们获取知识的主要途径，若没有理性的分析，他们的知识很容易呈现"碎片化"的状态，不利于自身的全面发展。

在实际应用中，一方面，"00后"大学生的网络行为较以往更加多样化，他们可以通过网络学习知识、扩展兴趣、结识网友、消磨时间等，但他们的行为选择及活动频率表现出重娱乐而轻学习的特征，这不仅体现出"00后"很多大学生缺乏利用网络探索新知识、学习新技能的主动性，还暴露出"00后"大学生对网络的高度依赖性。

另一方面，"00后"大学生成长在信息爆炸的时代，兴趣转移很快，视域狭窄、角度陈旧的内容难以吸引他们的注意，具有独特视角、创新风格的KOL（Key Opinion Leader，即关键意见领袖）所发表的内容才能引起他们的关注和思考。"00后"大学生对于KOL群体的向往和网络阵地话语权的追求，促进其在各个平台汲取相关知识，以期运用移动互联网表达出个性化的观点，带动和引领他人产生情感共鸣和价值认同。[②]

4. 处世态度理性

"00后"和每个年代的年轻人一样也有追星族，但是，"00后"大学生的追星行为与以往相比更趋向理性。他们不仅把明星当作偶像去追崇，还很注重其"低调""沉稳""努力""有才""敬业"等品质。可以看出，"00后"大学生对偶像的崇拜符合"始于颜值、陷于才艺、忠于人品"的思维逻辑，他

---

① 林惠清．数字土著的媒介素养教育多样化实践［J］．当代教育理论与实践，2016（11），170-172.

② 王慧芳．社交媒体时代大学生KOL素养的提升途径［J］．出版广角，2018（13）：83-85.

们对偶像明星的崇拜，不再是没有思考的狂热喜爱，而是通过挖掘偶像明星身上的才艺和品格，找到"戳中"自己的某一点，即找到情感和价值的认同。这体现出"00后"大学生的处世方式更趋于理性。①

此外，"00后"家庭普遍收入更高，他们除了有更高的消费力，还有更大的财务自主权。在消费观方面，"00后"认为国产品牌并不比外国品牌差，超过一半的"00后"认为国外品牌不是加分项。"00后"愿意在能力范围内为自己的兴趣买单，且84%的"00后"认为"不会消费超出自己能力范围的东西"。② 虽然"00后"大学生的消费水平明显高于"90后"大学生，但是，对于高额商品，"00后"大学生的消费升级是理性的。由于他们更了解网络媒介的运营方式，对普通的商品广告已经不再敏感，也不容易被普通商品广告诱惑，所以有个性、有故事、有内涵、有品质的商品才能引起他们的兴趣。可以说，他们善于运用网络有目标、有针对性、有计划地进行理性消费。

5. 人生理想务实

"00后"大学生相较以往的大学生，更加注重当下，拥有务实的人生理想。在他们看来，寄希望于宏观抽象的愿景不如脚踏实地去奋斗。但是，一些"00后"大学生也出现了功利化和现实主义倾向。这些学生对于未来有一定的规划，但是受现实主义影响严重，他们会不自觉地将理想与功利化的现实相联系。尤其是他们所认同的理想和目标，往往会与理想道德规范要求打"擦边球"，甚至是相差甚远。

一方面，"00后"大学生认为，努力学习的目的是提升自我、塑造人格，将来能找到一份满意的工作。对于"报效祖国""奉献社会""帮助他人"等人生目标，"00后"大学生表示认可，但在他们的人生规划中，首先考虑的主要还是个体的成长和发展；其次在如何达成目标的方面，"00后"大学生的观点也比较理性和务实，他们认为成功要靠自己的努力，这体现出"00后"对人生发展、社会现实的理性认知。可以说，"00后"大学生是典型的"现实主义者"。

---

① 章平．"精致理性"的00后背后就是中国［N］．中国青年报，2016-11-09.

② 王聪聪，朱立雅．00后画像报告［EB/OL］．中青在线，http://news.cyol.com/yuanchuang/2018-05/04/content_17158497.htm.

6. 心理状态敏感

一部分“00后”学生在“421”的家庭模式（四个老人、一对夫妻、一个孩子）下成长起来，长辈尽可能地为他们清除了成长道路上可能遇到的阻碍。但这也导致他们中的一部分对父母依赖程度高，很少参与家庭事务，生活自理能力差，经受的挫折少，内心比较脆弱敏感，一旦进入学校脱离了父母的照顾，往往经不起失败，易产生心理阴影，若得不到及时的疏导，可能会导致心理疾病的发生。

他们中的绝大多数能够在实践中重拾对人生的掌控权，但也有小部分无法适应现实社会的种种压力，基于此所产生的情感爆发会严重影响其心理状态，这种现象对高校毕业生的心理辅导和帮扶机制产生了不小的压力。

综上所述，“00后”作为具有新时代特色的学生群体，步入大学后，开启了更加具有自主性、探索性和创新性的学习生活，以其独特的价值追求、学习方式、娱乐生活、处世态度、人生理想和心理状态给高校思想政治教育发展带来新的机遇和挑战。思想政治教育工作者要通过思想引领、激发潜能、加强宣传和整合教育资源等途径，抓住机遇、迎接挑战，提升“00后”大学生思想政治教育的质量和水平。

（二）关于“00后”大学生存在问题的研究

首先，在价值观养成上，“00后”大学生处于信息爆炸的时代，互联网充斥着各种各样的信息，他们中有不少人还不能很好地对信息进行甄别，很容易被一些错误的价值观念影响，甚至形成错误的政治观念认知，“这对于保持中国特色社会主义核心价值观教育质量有一定的负面影响，这就需要教育工作者在教育过程中做好引导作用”。网络存在匿名性，这使得谣言很容易大规模传播，而“00后”大学生由于缺乏社会经验，很容易成为谣言的受害者和传播者。这就要求老师在对其进行思政教育时要注意变通教学方法，找到现实生活和课堂教学契合的切入点。

其次，在独立感方面，一方面独立感能够为“00后”大学生提供探索世界的勇气和信心，另一方面个体过于独立也会增加其孤独感体验。这种孤独感会使他们在团队合作时表现出集体观念缺乏、团队意识淡薄、人际沟通能力匮乏等情况。同时，“00 后”大学生从小的社会环境、成长环境和家庭环境都相对优越，被全家人宠爱，在实践中一旦遇到困难和挫折，会表现出较差的抗压能力。

最后，在实践能力方面，虽然“00 后”大学生表现出更强的实践意识，但是这也反映了“00 后”一个十分明显的问题，那就是过度追求现实主义很多时候会因偏激而偏离现实主义本身，这并不利于他们未来的成长。一些“00 后”大学生过度追求自身利益、物质利益和既得利益，对社会主义核心价值观认识不全面，自我认同与社会认同脱节。他们尚未养成良好的价值判断能力，时常举棋不定、左右摇摆。在遇到价值冲突时，他们有时会做出功利色彩浓厚的价值选择。

综上所述，现有的研究成果从研究对象而言，缺乏与大学生这一群体的特点及环境相结合进行的研究；从研究思路来看，探析问题及其原因的较多，研讨解决问题方式方法的较少；从研究方法来看，实践性质的总结较多，结合理论研究的创新较少，微观实践操作层面的探讨较多，宏观机制设计层面的研究较少。归根结底，现有研究成果的理论基础还相对薄弱，可依托有效的理论支撑，开展更为深入的系统研究。

三、理论意义

百年大计，教育为本。教育是人类传承文明和知识，培养年青一代，创造美好生活的根本途径。党的十九大报告中强调：“要全面贯彻党的教育方针，落实立德树人根本任务，发展素质教育，推进教育公平，培养德智体美劳全面发展的社会主义建设者和接班人。”报告同时指出：“人民有信仰，国家有力量，民族有希望。”2017 年 8 月，习近平总书记在全国高校思想政治工作会议上着重强调了教育工作中思想政治教育的重要性，在各高校的工作实践中也逐渐印证了思政教育在推动我国青少年群体社会责任感、社会构成属性完善等方面的重要价值。2018 年 9 月，习近平总书记在全国教育大会上强调：“在党的坚强领导下，全面贯彻党的教育方针，坚持马克思主义指导地位，坚持中国特色社会主义教育发展道路，坚持社会主义办学方向，立足基本国情，遵循教育规律，坚持改革创新，以凝聚人心、完善人格、开发人力、培育人才、造福人民为工作目标，培养德智体美劳全面发展的社会主义建设者和接班人，加快推进教育现代化、建设教育强国、办好人民满意的教育。”

全面贯彻党的教育方针，落实立德树人的根本任务，高校肩负着培养青年大学生树立社会主义核心价值观的历史使命。“00后”作为未来发展的生力军，如何引领“00后”大学生自觉树立和践行社会主义核心价值观，是摆在我们思政教育工作者面前的重大课题。现有关于高校思想政治教育工作的研究，其对象以“90后”为主，而“00后”具有其独特的时代特点，需进一步开展更为深入的研究。因而，本书有效地弥补了高校思想政治教育工作研究中缺乏针对“00后”大学生研究的不足，将全面展现“00后”大学生思想和行为的特点，为后续关于“00后”及大学生的相关研究提供理论依据。

本书首先从教育生态学理论的视角，探索“00后”大学生思想和行为的基本内涵，并基于教育生态学理论、协同教育理论、大数据4V理论等相关理论对“00后”大学生思想和行为的概念及内涵进行系统研究，界定基本概念并寻找理论依据，为整体研究打下坚实的基础，同时为日后关于“00后”大学生的相关研究提供了较为全面的理论依据。

对新时代发展特征进行研究，包括文献视角的时代发展特征、受教育者视角的时代发展特征及教育者视角的时代发展特征。“00后”赖以生存的时代发展特征对于深入研究“00后”大学生思想和行为特点具有重要意义，研究背景的透彻度将直接影响文章整体的精确性。为了更全面、系统地梳理和分析时代发展的特征，本书将在查阅相关文献基础上，主要通过关键事件访谈法，对“00后”大学生进行访谈，从对他们产生重要影响的事件中，探索“00后”赖以生存的时代发展的特征。本书还对新时代发展特征进行总结分析，探讨时代环境与人之间的密切关联，对于后续相关实证描述奠定了较好的理论基石。

“00后”大学生的思想行为结构受到新时代发展特征的影响，是新时代背景所赋予的新的与时俱进的教育内容和道德要求的产物。本书以“00后”大学生思想行为的构成要素为结构单元，分析各思想行为要素的内在特点、功能特征、要素与要素之间的相互关系状况，以及单个要素与要素整体之间的关系，通过对思想行为要素的形成在时间上的分布、质与量上的分布、层次的排列以及功能表现等层面的分析，在传统的调研方法和数据统计方法基础之上，设立考察大学生思想状况的动态性、开放性、平衡性、稳定性等指标，进一步揭示大学生思想行为的变化轨迹。本书基于教育生态学理论，从时间、空间、层次等不同角度分析了“00 后”大学生的发展特征、行为结构和发展类型，构建“00 后”了大学生思想行为结构模型。运用这一研究方法对于精准发现相关变量指标的数学联系，为推动后续“00 后”大学生思想行为相关研究起到了理论指导作用。

大学生的思想行为可以被看作具有一定结构特征的系统，本书选取多个视角来考察系统内部的各项组成要素的特征，如时空、层次、量、质、等级、离合度、纯洁度、平衡性分布等，运用各类统计方法全面系统分析大学生思想行为特征，通过将不同行为特征的学生归类，总结出“00 后”大学生发展类型，为日后围绕“00 后”开展相关研究提供了丰富的分类依据。

基于协同教育理论、大数据理论等多个理论视角，通过关键事件访谈法、聚类法、行动研究法和思维导图等研究方法，进行特征分析、模型构建和策略体系设计，结合“四个一体化”构建的“00 后”大学生思想行为的教育引导策略体系，将为高校开展“00 后”大学生思想政治教育工作及相关研究提供理论依据。

四、现实意义

探索大数据时代高校思想政治教育工作的改革创新，对落实新时代中国特色社会主义发展战略具有重要的现实意义。在高校学生群体中，“00 后”与“90 后”相似，少年时期均处于中国经济的高速发展期，家庭生活环境的变化显著，而家庭教育观念的变革相对落后，同时“00 后”的成长期还与大数据时代的高速发展期相吻合。大数据时代改变了大学生的生态结构，也造就了当今大学生数字化的生活方式。高校与社会在此背景下已经深度融合，各种思潮通过互联网在大学校园内不断交流、交融、交锋，这给“00 后”大学生思想和行为的引导工作带来极大的挑战。在大数据时代，高校要主动积极

“深耕”大数据，谋求变革，通过对大数据的交换、整合和分析，转变工作理念、工作机制、工作主体以及传播手段等，将思想政治教育工作与互联网进行深度融合，发现新的知识，创造新的价值，带来新的发展。在大数据高速发展的时期，中国群众会受外来文化和思想的影响，且“00后”青少年在思想观念等还不够成熟的情况下受其影响较为严重，因此更需要进行正确的思想观念引导。如今，高等教育受众群体从“90后”转向“00后”，群体特征的差异化背景下，高校思政教育必须进行改革，而在改革之前，应当尽快对“00后”大学生的思想和行为特点进行研究，思考对于其引导的对策，以便更好地为日后“00后”大学生思政教育成果的实现奠定转变基础。

从“00后”大学生个人成长的角度看，研究“00后”大学生的思想行为特点，把握其思想动态和心理变化，有利于教育者更好地帮助学生解决现实问题以及引导其调试心理状态、培养积极情绪、建立健全人格。此外，教育者把握教育对象的特点，掌握其成长规律，才能有针对性地开展教育、实施影响，才能达到教育目的，实现预期效果，对提高教育针对性、实效性、科学性，减少盲目性、随意性、主观性具有重要意义。

从未来国家发展战略出发，我们更应该对“00后”这批新生力量给予莫大的关注。大学生是宝贵的人才资源，是中华民族伟大复兴的希望，他们的成才与否决定着祖国的未来。对于这些刚刚迈进校园的“00后”来说，未来近十年的人才培养计划，都是针对他们而言的。因此，我们研究“00后”大学生的思想和行为特点，将直接关系到党和国家的前途命运，具有极其重要的现实意义和深远的历史意义。

首先，研究“00后”大学生的特点是加强“00后”大学生思想政治教育的必然要求。大学生是国家发展的宝贵财富，寄托着民族的希望，代表着祖国的未来。在未来几十年的时间里，他们将承担着建设社会主义和谐社会时代责任，肩负着建设中国特色社会主义、实现中华民族伟大复兴的历史使命。掌握“00后”大学生思想和行为特点，制定系统的教育策略，开展有效的教育引导，使“00后”大学生在掌握科学文化知识和专业技能的同时，树立正确的世界观、人生观和价值观，自觉抵制一切外来思想的渗透和不良因素的影响，是高校思想政治教育工作者肩负的历史重任，更是加强和改进大学生思想政治教育的必然要求。

其次，研究“00后”大学生的特点对于改进大学生思想政治教育工作具有承上启下的作用。教育的发展需要与时俱进，需要不断地更新大学生思想政治教育内容，不断地探索大学生思想政治教育新途径。了解“00后”大学生思想和行为特点，开展引导对策研究，是新时期大学生思想政治教育的重要内容。在继承以往或目前专家学者有关思想政治教育研究的理论著作的基础上，根据调查研究，了解掌握“00后”大学生思想行为特点，及时更新大学生思想政治教育内容，探索大学生思想政治教育新途径，可以增强大学生思想政治教育的时代感，为大学生思想政治教育工作发展注入鲜活的生命力。

最后，研究“00后”大学生的特点是增强高校人才培养工作针对性和导向性的有效保障。“00后”大学生是未来整个社会的中流砥柱，他们身上有许多优秀的品质，但是，作为新一代青年，他们也有自身的弱点，而这已经引起了社会的广泛关注。如果担负培养高素质人才的高等院校不能对他们的行为特点充分了解并进行正确引导，社会的发展必将受到严重的影响。这不是个小问题，而是一个大隐患。当前，我国高校的思想政治教育尚存在诸多问题，特别是在日益复杂的国际国内局势下，我们要对“00后”大学生所处的社会环境及其思想行为特点进行深入研究，只有不断坚持与时俱进，改变陈旧的教育观念，探索多元的思想政治教育手段，不断增强人才培养的针对性和导向性，才能促进大学生全面发展，培养出有理想、有道德、有纪律、有文化的中国特色社会主义事业的合格建设者和可靠接班人。

第二章
概念界定与理论依据

一、“00 后”大学生思想和行为的基本内涵

（一）“00 后”大学生思想的基本内涵

一个人的思想分为社会思想和个人思想，对于“00 后”，我们主要是探讨其个人思想及个人思想指引下的行为等方面的内容。个人思想主要包括伦理思想、政治思想、哲学思想三个方面。

1. 伦理思想

伦理思想包括个人价值观、个人精神、个人理想信念、个人道德文化四个方面。

①个人价值观有着明显的时代属性，通常与当下的时代发展联系紧密。“00 后”这一代的价值观更加多元，受外界环境的影响更为明显[①]。因此，要加强“00 后”社会主义核心价值观教育，丰富其思想教育体系，促进我国各方面建设都达到理想的效果[②]。

②个人精神方面。“00 后”接收的信息来源广泛，因此他们的视野更加开阔，思想也更活泼开放。他们从小参加的爱国实践活动多，因此爱国主义精

① 赵会利．“00 后”大学生思想政治教育模式研究［J］．学校党建与思想教育，2016（22）：37-38.

② 张淑红．浅议大学生思想政治教育目标［J］．农家参谋，2018（15）：138.

神浓厚。但是思想活泼开放也会一定程度导致集体观念欠缺、团队意识淡薄、人际沟通能力匮乏①。因此，对“00后”进行思想政治教育要倡导理性爱国、锐意进取、坚持时代精神与民族精神统筹②；同时也要针对学生的个人问题进行专项的教育和引导，培养他们的集体精神。

③进入大学前的基础教育是侧重知识方法的教育，而进入大学后，学生们才开始真正关注自己想要去做什么。此时，个人理想信念逐渐形成。我们的教育工作除了要引导学生树立个人的理想信念，更要引导学生将个人的理想信念同共产主义的远大理想信念相结合，提高远大理想信念在大学生心中的地位，最终为我国的社会发展培养出优秀人才③。

④在道德文化方面，“00后”观念新颖，既不人云亦云，也不崇洋媚外，他们的身上充满时尚、前卫、大胆的气息。其道德判断遵从自己的内心，具有强烈的正义感和社会责任感。我们的教育工作要充分结合“00后”学生的文化和道德两个方面，帮助他们顺利成长。

2. 政治思想

“00后”的政治思想表现出更强的实践意识，这反映了“00后”明显的现实主义倾向。现实主义的本质是敢于追求真实、揭示真相，同时强调批判性的反思，“00后”勇于实践正是受普遍的现实主义影响。但目前“00后”心智尚未完全成熟，这一群体过度追求的现实主义在很多时候会因偏激而偏离现实主义本身，出现错误的幻觉主义，严重时还会让“00后”对中国特色社会主义核心价值观产生怀疑，这并不利于他们未来的成长④。因此，我们的思想政治教育工作要紧跟时代步伐，坚持以马克思列宁主义、毛泽东思想、邓小平理论、“三个代表”重要思想、科学发展观、习近平新时代中国特色社会主义思想为指导，不断提高为党育人、为国育才的能力。

---

① 路璐.新形势下对“00后”大学生思想政治教育实施策略的再思考[J].山西经济日报，2018，10（7）：1-2.

② 张淑红.浅议大学生思想政治教育目标[J].农家参谋，2018（15）：138.

③ 同上。

④ 赵会利.“00后”大学生思想政治教育模式研究[J].学校党建与思想教育，2016（22）：37-38.

3. 哲学思想

进入大学时，大部分"00后"尚未建立起一套系统的、可以指导自己理论与实践的哲学思想，我们的教育重点应在于帮助他们构建指导世界观、人生观、价值观形成的哲学思想。如此，要加强马克思主义基本原理教育，并通过开展各种实践活动，促进他们在生活实践中感受马克思主义基本原理的应用。

（二）"00后"大学生行为的基本内涵

对于"00后"大学生的行为内涵，我们可以从内潜和外显两个方面来看。

1. 内潜行为

内潜行为一般是指大学生的动机行为、态度行为、知觉行为、认识行为和人格的行为倾向等方面的心理行为活动现象，其特点表现为四个方面。

①认知。"00后"大学生的认知具有批判性的特点，他们往往以怀疑、批判的眼光看世界，凡事总要问个为什么。他们绝不轻信别人的观点，勇于发表自己的见解，并有强烈的革新愿望。因此，他们拒绝强行灌输，对空洞的说教普遍反感。同时，由于人生阅历尚浅、实践经验不足、辨别能力有限，他们也容易表现出过分自信、固执己见、言辞偏激等特点[①]。所以，我们的教育应尽量避免空洞抽象的语言，多以开展实践活动的形式进行教育。

②情感。"00后"大学生由于生理、心理发育迅速，情感丰富而敏感，情绪构造两极化，因此情感思维强而理性思维弱，情绪激发易而控制难[②]。我们在教育工作中要时刻关注学生的一点成绩、一桩小事、一件乐事、一句口诀，及时对学生的情绪进行辅导调整。

③兴趣爱好。"00后"大学生兴趣爱好广泛但多变且不稳定，我们的教育工作要肯定学生们的强烈求知欲，促使他们进行知识积累和科学研究；同时也要对他们做事容易半途而废、兴趣偏执等情况给予正确的引导[③]。

④自我意识。"00后"大学生处于青少年时期，他们的自主性正在日益

① 张勇．大学生行为特点及管理研究［D］．长春：吉林大学，2005:8-26.

② 同上。

③ 同上。

增强。他们崇尚自我独立，深信自己的力量，乐于自我表现，敏于自我防御。因此，在社会行为上他们表现出自尊自信、敢作敢为、争强好胜但好高骛远、自命不凡等特点[①]。我们教育工作的一个重要部分就是引导他们树立正确的自我意识，正确认识自我，并将自我意识和社会意识相结合。

2. 外显行为

外显行为一般包括以下几种。

①学习行为。“00后”进入大学之前，家长和老师一直扮演“保姆”式的角色，学生只管好好学习就可以。而大学的学习专业且系统，这些都需要学生充分发挥主动性，因此教师的教育就要侧重于调动学生学习的积极主动性。

②社会实践和创新行为。“00后”大学生的社会实践和创新行为具有复杂性、广泛性和多样性的特点。我们需要帮助学生建立行之有效的运行机制和管理模式，多开展科技活动，让学生将科技精神和人文精神结合起来。

③社交行为。刚步入大学的“00后”对人际交往表现出极大的热情和关注，并且希望在平等的交往关系中得到自身能力的提升。因此，我们在教授书本知识的同时，还要关注“00后”人际交往的一点一滴，开办多种活动引导学生之间的正常交往。

④消费行为。在当今自媒体迅速发展的时代，“00后”刚步入少有约束的环境，其消费行为就开始逐渐独立，倾向于选择新奇的东西，同时伴着冲动性，不能理智消费。我们在知识教育之余，要注意引导学生树立正确的消费观念，理性消费。

⑤恋爱行为。“00后”大学生虽步入大学殿堂，但还处于象牙塔中，对爱情充满了幻想和美好。我们需要认识到，学生的恋爱具有易变性，我们必须关注因为失恋而产生心理问题的学生。

⑥越轨行为。大学生的越轨行为可以分为违反道德、违反纪律、违反法律这三种。我们要提前对“00后”进行思想教育，预防越轨行为的发生，同时在越轨行为发生后，老师和辅导员要积极和学生沟通交流，并温暖地陪伴学生。

---

① 张勇. 大学生行为特点及管理研究［D］. 长春：吉林大学，2005:8-26.

二、“00后”大学生思想和行为的关系

对于思想和行为之间的辩证关系，一个重要的命题就是“思想领先”。所谓思想领先，是在发挥主观能动性的意义上，就思想和行为的关系而言的。其基本含义是：思想支配行为，是行为的先导和动力。人们无论做任何事情，都是先有思想，后有行为。有正确的思想才有正确的行为，有积极的思想才有积极的行为，有统一的思想才有统一的行为。对于思想支配行为这个道理，马克思在《资本论》中就做过形象又深刻的阐述：“蜜蜂建造蜂房的本领使人间的许多建筑师感到惭愧。但最蹩脚的建筑师从一开始就有比最灵巧的蜜蜂高明的地方，是他在用蜂蜡建筑蜂房以前，已经在自己的头脑中把它建成了。劳动过程结束时得到的结果，在这个过程开始时就已经在劳动者的表象中存在着，即已经观念地存在着。”[①] 毛泽东在《论持久战》中讲战争的能动性时，也对这个道理做了明确的阐述：“一切事情是要人做的，做就必须先有人根据客观事实，引出思想、道理、意见，提出计划、方针、政策、战略、战术，方能做好。思想等等是主观的东西，做或行为是主观见之于客观的东西，都是人类特殊的能动性。”[②] 但是对于思想和行为之间的辩证关系，我们很容易把行为与实践进行类比，认为“思想领先”这一命题与“实践第一”的认识论原理是相矛盾的。虽然从语义学的角度讲，汉语中实践和行为这两个词的词义很相近，但从哲学意义上讲，实践和行为是既相联系又相区别的两个概念。行为是指人一系列肌肉动作的总和，是人为实现某种目的而具体进行的活动。它只具有主体能动地作用于客体这一层含义，而不包括客体作用于主体这一层含义。实践的含义则更宽泛一些。马克思说实践是人的感性活动，列宁说实践是主体和客体、精神和物质的交错点。可见，在马克思主义哲学中，实践这个概念是指主体与客体的相互接触、相互作用，既包括人对客观事物能动的改造，又包括客观事物对人感官的刺激，是主观与客观、物质与精神相

---

① 马克思，恩格斯．马克思恩格斯全集 [M]. 北京：人民出版社，1971.

② 毛泽东．毛泽东选集 [M]. 北京：人民出版社，1991.

互联系、相互转化的桥梁和中介。正是由于这个原因，实践才能成为认识的来源，人们只有通过实践才能形成对外部世界的思想反应；也正是由于这个原因，思想与行为的关系只是思想与实践关系的一个侧面，而不是思想与实践关系的全部。因此，我们可以说实践第一、思想第二，思想源于实践；但不能说行为第一、思想第二，思想源于行为。虽然可以说思想在先，行为在后，思想决定行为；但不能说思想在先，实践在后，思想决定实践。

明确了思想和行为的关系之后，对于“00 后”大学生特点的阐述有助于加深我们对于大学生思想教育重要性的把握。相较于“90 后”，“00 后”大学生的成长背景和成长环境具有一些新的特点，这些特点反映在社会、家庭和学校多个方面，不同的成长背景和成长环境也造就了“00 后”不同的思想和行为。透过“00 后”的认知取向、价值取向和行为取向，分析“00 后”与众不同的思想方式和行为模式，找到适合“00 后”大学生的培养模式和培育方法，对于引导“00 后”大学生建立积极、健康的思想和修正“00 后”大学生的偏差行为都是非常重要的。

具体来说，首先，“00 后”一代的成长伴随着丰富的物质资源，其中一大部分人又都是独生子女，从小被家人捧在手心，这样的成长环境造成“00 后”一代具有浓厚的个人主义色彩。他们更强调自我价值的实现，对事物抱有自己的见解，同时也十分自信，这就导致他们行为上更加自我，更喜欢追求新鲜感。

其次，由于时代的发展和科技的进步，“00 后”从小接触互联网，网络对于他们的成长有着非常重要的影响。早早接触互联网，“00 后”接触到更多的信息和知识。这使得“00 后”大学生更加早熟，分析事物时，更坚持自己的见解，不愿受传统的束缚，不盲目相信权威和传统，崇尚创新。丰富的性格造就了他们独特的行为和处世之道。

最后，由于“00 后”从小受不同价值观冲击，思想活跃，具有强烈的探索欲和求知欲，在思想上也更加追求上进，因此他们热衷参与各类社会活动，渴望得到社会的认可，也会动用相关资源以达到自己的目的。

而“00 后”大学生独特的成长背景和成长环境也会使他们的思想和行为产生冲突，这些冲突也导致了很多问题。

在价值观养成上，"00后"处于信息爆炸的时代，互联网充斥着各种各样的信息，他们中的很多人还不能很好地甄别信息，很容易被一些错误的价值观念影响，甚至形成错误的政治观念认知。这对于保持中国特色社会主义核心价值观教育质量有一定的负面影响，需要教育工作者在教育过程中做好引导工作。

在独立感方面，一方面独立感能够为"00后"提供探索世界的勇气和信心，另一方面个体过于独立也会增加其孤独感体验。研究表明，孤独感与心理健康关系密切，孤独感有可能作为中介因素影响着家庭环境与心理健康之间的关系①，同时孤独感越强的个体，他们的抑郁情绪越严重②。这种孤独感的存在一方面是因为人际间社交，尤其是关乎情感沟通的社交较为缺乏；另一方面也与性格上的过度独立有关。

针对"00后"大学生特殊的思想和行为问题，教育工作者更应该及时采取措施，寻找适合的解决办法。要将思想和行为的统一作为新时代大学生高等教育的最终目的，把思想教育工作作为重点工作实施。课堂教学遍及不同层次、不同学科的教育，是大学生获得科学文化知识最基本的途径，是育人的主渠道③。而要让"00后"大学生养成科学的知行观，认识到思想和行为的关系及重要性，离不开课堂这一主要阵地。面对不同特点的"00后"大学生，教师需要充分了解其思想观念和行为特征，调整并修正自己的教学方式和教育模式，通过系统的、全面的、有针对性的引导教育，帮助他们解决成长和学习生活中产生的困难。教师还要注重与"00后"大学生保持平等的师生关系，避免发生绝对的主导作为，以免大学生产生抵触和抗拒的心理。面对在网络信息化时代成长的"00后"，教育工作者要善于利用网络拉近自己和学生们的距离，并以此为契机，利用新媒体和新科技更加灵活地向学生们传授知识。此外，还要充分关注"00后"大学生的心理健康和情绪反应。在张扬的个性和外表的"伪装"下，"00后"一代敏感脆弱的性格特征往往被掩盖，由

---

① 闫明，徐亚，赵东伟．家庭环境与大学生心理健康的关系：神经质和孤独感的链式中介作用［J］．职业与健康，2015，31（13）：1821-1825+1832.

② 刘柏汐，王莹，李越超，等．成年人孤独感、抑郁情绪和价值观的相关研究［J］．科教文汇（上旬刊），2016（11）：140-141.

③ 钟雪苹．当代大学生知行观培育研究［D］．漳州：闽南师范大学，2018.

于社会的竞争，他们从小的压力早已超过其他时代的同龄人。因此，应给予他们更多的赞扬和鼓励，倾听他们合理的表达和诉求，引导他们形成正确的价值观和行为取向，帮助他们建立自信心，成为积极向上、阳光乐观的新一代大学生。

三、理论依据

（一）教育生态学理论

1. 概念

教育生态学（Educational Ecology）是教育边缘学科，是20世纪70年代中期兴起的一门新兴的教育学分支学科。教育生态学这一科学术语最早是由美国哥伦比亚师范学院院长劳伦斯·克雷明（Lawrence Creming）在1976年出版的《公共教育》一书中提出来的，他在此书中对这一术语进行了详细的论述[①]。生态教育学是生态学的原理与方法在教育学中渗透与应用的产物，主要研究教育与周围生态环境之间相互作用的规律和机理，以及社会环境对教育的影响和教育在社会发展中的地位和作用[②]。

教育的生态结构包括宏观、微观两个方面。教育的宏观生态包括外界环境（社会环境、文化环境、经济环境、地域环境等）与教育之间的相互影响和转换。教育的微观生态则是更具体的一些因素（课程设置、教学安排、师生关系、宿舍关系等）对教育的影响。

当前，随着中国经济的持续增长，新媒体、大数据、融媒体等技术的持续发展，人们的生活习惯、生活方式也发生了巨大的改变。科技的发展不仅影响了人民的生活，还对传统的教育带来了巨大的冲击，尤其是信息技术的广泛应用改变了传统的课堂模式。当前，随着经济、政治、科技体制改革的深入，教育结构内部每个层次、各种体系都受到外力的冲击，教育基础需要

① 王蔚，杨成．教育生态学视角下重读AECT新定义［J］．中小学电教，2011（09）：18-20.
② 朱亚梅．我国高等教育生态化管理刍议［J］．课程教育研究，2014（19）：6.

改造，教育体制需要改革，教育内容需要更新，教育观念也正在发生深刻的变革①，如何将教育生态学的手段、方法与各种教育理论相结合，更深入、系统地研究这些因素，研究彼此间的相互作用及其对教育系统的作用和影响，这是对我国教育发展提出的新的课题。

教育的生态环境是以教育为中心，对教育的产生、存在和发展起制约和调控作用的多元环境体系。它大致分三个层次：一是以教育为中心，综合外部自然环境、社会环境和规范环境组成的单个或复合的教育生态系统；二是以单个学校或个体教育层次为中心构成的，反映教育内部体系的相互关系；三是以学生的个体发展为主线，研究外部环境包括自然、社会和经济、生理心理因素组成的系统②。

2. 相关研究及应用

吴鼎福的《教育生态学》是我国第一本关于教育生态学的专著，书中解释了生态学理论、概念、术语，以及生态学中的相关知识。任凯等的《教育生态学》中借用生态学的原理与方法分析了教育现象。卢君臻等学者认为，教育生态环境是指影响这项教育活动的一切外界因素的总和，包括自然环境、社会环境、学校环境、家庭环境等。本书后面会从自然环境、社会环境、学校环境、家庭环境等方面分析教育生态视角下的大学生思想和行为要素，也会以大学生的个体发展为主线，研究外部环境，包括自然（地区）、社会和经济、生理心理因素组成的系统。

（二）协同教育理论

1. 概念

协同教育包括学校教育、社会教育和家庭教育三种教育系统。"协同"一词最早源于协同学，协同学是由德国著名理论物理学家哈肯（Hakan）创立的一门系统科学的分支理论，它专门从系统演化的角度来研究自然界、人类社会各子系统在外界物质、能量、信息作用下产生非线性相互作用而形成协

① 刘叶云，张亚春．从教育生态学视角看我国的教育滞胀现象［C］//.2009年中国教育经济学学术年会论文集．[出版者不详]，2009:702-708.

② 李化树．教育生态学探讨［J］．教学与管理，1995（01）：16-18.

同效应（Synergy Effects，简单地说，就是“1+1>2”的效应）的机理与规律。学校、社会、家庭这三种教育系统之间既相对独立，又相互交融，彼此影响产生协同效应。协同教育理念认为，要培养出高素质、全面发展、有个性、有特色的学生，必须把学校、家庭、社会及受教育者这四个要素进行科学的整合。

学校教育是指在各类学校内发生的各种教育活动，是教育最重要的组成部分。高校作为培养青年人才积极成长的重要领地，不仅要系统地引导学生学习文化知识、社会规范、道德准则和价值观念，还要不断提高学生的思想水平、政治觉悟、道德品质、文化素养，让学生成为德才兼备、全面发展的人才。

学校是教育人的专门机构，有固定的场所，因此学校教育与社会教育、家庭教育相比有着很大的不同。首先，学校教育最突出的特点就是职能的专门性。学校教育有着明确的培养目的和任务，对于相关工作人员也有着严格的选拔制度和规范要求。其次，学校教育具有组织严密性，所有教学活动都是有规章、有制度、有目的、有组织的，学校教育与社会教育、家庭教育相比更加系统、全面、稳定。而学校教育与其他教育相比也有明显的不足之处，即忽略了学生对个性化、差异化的追求，同时学业压力也会导致学生产生紧张焦虑等情绪，不利于学生的心理健康，而学校教育也在一定程度上忽略了对学生生活自理能力、适应能力、人际交往能力、创新创造能力等方面的培养。

社会教育（Society Education）的基本含义有广义和狭义之分。广义的社会教育，是指旨在有意识地培养人、有益于人的身心发展的各种社会活动。狭义的社会教育，是指学校和家庭以外的社会文化机构以及有关的社会团体或组织，对社会成员所进行的教育。社会教育一词虽然很早就被提出，但在21世纪以前发展都很缓慢。

随着科学技术的迅猛发展、社会经济的突飞猛进，就业结构发生了巨大的变化，只凭学校教育已经不能适应社会的需求。现代学校教育同社会发展息息相关，从某种意义上讲，学校教育决定着个人社会化的水平和性质，是个体社会化的重要基地。个体社会化，是指个体在社会环境的影响下，认识和掌握社会事物、社会标准的过程，通过这个过程，个体得以独立地参加社会生活。[①]

随着新媒体、大数据、融媒体等技术的持续更新，社会教育也日益发展。尽管目前在整个教育体系中社会教育还处于辅助和补偿地位，但其已逐渐展示出自身的不可替代性。社会教育有利于丰富学生的精神生活，发展学生的兴趣、爱好和特长。这在一定程度上弥补了学校教育对于学生差异化、个性化方面的培养，使学生能够在自己爱好的活动中施展才华、发展特长，从而增长自信心，促进心理健康。

与学校教育相比，社会教育面向全社会，因此，具有更广阔的活动余地，影响面更为广泛，形式灵活多样，不完全局限于特定地点，且能够与社会实践相结合，有利于人的社会化。新媒体作为社会教育的一个重要组成部分，也发挥着越来越大的作用。

家庭教育是学校教育与社会教育的基础，也是学校教育的补充和延伸，在人的一生中起着奠基的作用，包括亲子教育、两性教育、婚姻教育、伦理教育、家庭资源与管理教育、其他家庭教育等。著名心理专家郝滨曾说："家庭教育是人生整个教育的基础和起点。"确实，家庭教育是对人的一生影响最深的一种教育，它直接或者间接地影响着一个人人生目标的实现。与学校教育和社会教育相比，家庭教育具有早期性、连续性、感染性、即时性等特点。家庭教育伴随人的一生，潜移默化地影响孩子的生活习惯、道德规范、举止行为等。良好的家庭教育对孩子的成长和发展起着非常重要的积极作用，能够增强孩子的沟通交流能力，帮助孩子树立信心、明辨是非、丰富想象力和创造力。在家庭教育中，家长不要过度保护，要注意培养孩子生活自主、自我判断、解决问题、自我规划、自我管理等方面的能力。同时也要注意向孩子传授正确的沟通技巧，引导和培养孩子的自控能力与情商。

综上所述，人的教育是一项系统的教育工程，家庭教育、社会教育、学校教育每种教育系统都有各自的特点和自身的片面性，只有将这三种教育模式相互关联且有机地结合在一起，让它们相互影响、相互作用、相互制约，才能最大限度地发挥教育的协同作用。

---

① 李强.当代中国人的心理困扰［M］.北京：科学出版社，2004.

2. 相关研究及应用

王进认为，只有学校教育与家庭教育密切配合，以实践为重点，及时反馈、树立榜样、找出差距，再教育、再实践，形成合力，我们的教育才会收到事半功倍的效果。马忠虎教授在其《家校合作》一书中指出："家长参与学校教育，实质上就是联合对学生最具影响力的两个社会机构——家庭和学校的力量，对学生进行教育。"① 他认为，家校合作更大程度是指对学生最具影响的两个社会机构——家庭和学校形成合力对学生进行教育，使学校在教育学生时能得到更多来自家庭方面的支持，而家长在教育子女时也能得到更多来自学校方面的指导。美国霍普金斯大学"家庭—学校—社区"研究专家艾普斯坦（Epstein）在《从理论到实践：家校合作促使学校的改进和学生的成功》一文中，又把家校合作的范围扩展到社区，指出家校合作是"学校、家庭、社区合作"，三者对孩子的教育和发展负有共同的责任，同时三者对于孩子的教育和发展是相互影响的。因此，在分析大学生的行为模式时，需要考虑到家庭、学校、社会等三方面的要素。

（三）大数据 4V 理论

1. 概念

大数据（Big Data），IT 行业术语，是指无法在一定时间范围内用常规软件工具进行捕捉、管理和处理的数据集合，是需要新处理模式才能具有更强的决策力、洞察发现力和流程优化能力的海量、高增长率和多样化的信息资产。随着互联网技术的飞速发展，大数据已经渗透到当今社会的各个行业，并成为重要的组成部分。通过对多种类型的数据进行分析研究，提取有利用价值的信息，可以帮助人们解决问题，做出科学的决策。

大数据的主要特点可以概括为 4V，即 Volume、Variety、Value、Velocity，这对应了四个层面：第一，Volume（大容量），海量数据，规模庞大；第二，Variety（数据类型繁多），包括结构化数据和非结构化数据（音频、视频、图片、地理位置信息等）；第三，Value（价值密度低），数据量很大，但价值密

① 马忠虎 . 家校合作［M］. 北京：教育科学出版社，2001.

度低；第四，Velocity（处理速度快），实时处理，处理速度快，涉及感知、传输、决策、控制开放式循环的大数据，数据实时处理有着极高要求。

2. 相关研究及应用

王震一提出，今天的大数据就像当年刚发明出的显微镜，人们从庞杂的海量数据中找到了前所未知的事物。正确面对这些关系复杂、形式多样的结构化、半结构化和非结构化的教育数据，形成一套涵盖业务、技术和IT基础架构的全面解决方案来处理、存储、管理和分析教育大数据，这就是信息化教育。[①] 杨满福和焦建利提出，“大数据加速教学研究成果向教学生产力转化”，从产学研结合的意义上说，借助大数据，教学研究与教学产品的改善与创新更紧密地联结起来，理想的状态是教学研究的价值在教学产品的优化上快速得到体现，最终教学研究成果束之高阁的不利局面将得到改变，教学研究的成果也就能在一个全球化境域下提高教学的生产力。[②] 吴绪玲认为，在高校开设大数据相关专业的学校甚少，而且开展大数据实验的条件不足，因此要跟上时代发展的步伐，培养大数据人才刻不容缓。随着数据挖掘、云计算及互联网等技术的发展，大数据技术也将被推动，在教育领域的相关研究和应用也会越来越全面而深入。[③]

---

① 王震一．教育离“信息化”到底还有多远［J］．中小学信息技术教育，2012（12）：25–26.

② 杨满福，焦建利．大教学、大数据、大变革——edX首门“慕课”研究报告的分析与启示［J］．电化教育研究，2014（6）：34–37.

③ 吴绪玲．大数据在教育中的应用综述与未来发展的几点思考［J］．内江科技，2019，40（11）：91–92.

第三章
“00 后”大学生生活时代的特征研究

一、文献视角的时代发展特征

习近平总书记曾说：“时代是出卷人……”不同时代有着不同时代的矛盾和问题，处在不同时代的人们总是在承担所处时代赋予的不同使命和担当。2018 年秋季，第一批“00 后”开始进入大学校园，他们被称作“千禧宝宝”，以他们所处的时代作为切入点，可以更加深刻全面地了解他们的思想和行为。

（一）文献来源

以“时代特征”为关键词，通过文献检索可以发现，中国知网 2000—2019 年期刊类相关文献具体数量为 8775 篇，其中“教育”和“时代特征”共 1461 篇，“高校”和“时代特征”共 449 篇，“大学生”和“时代特征”共 396 篇（如图 3-1）。

（二）文献概况

从整理出的大学生生活时代特征文献分布时间及数量来看，我国 2000—2019 年有关“大学生生活时代”相关文献数量分布不均，在 2018 年达到峰值。同时，2018 年教育部、财政部、国家发展改革委印发《关于高等学校加快“双一流”建设的指导意见》，这说明 2018 年我国教育，特别是高

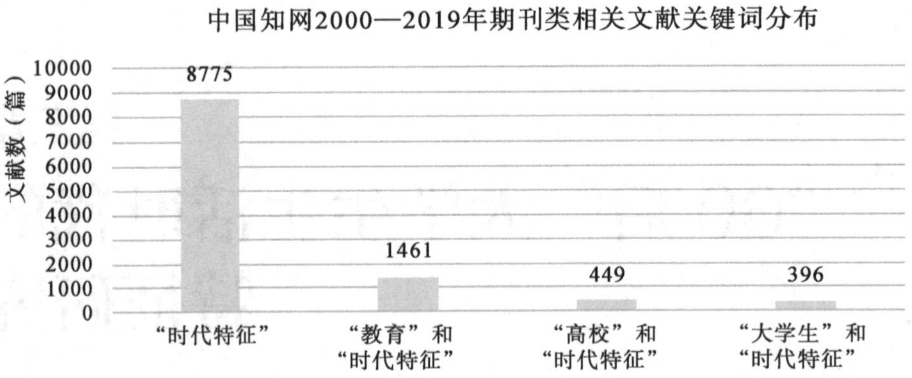

图 3-1　文献关键词分布

等教育走向了一个新的转折点，从实践研究不断上升到理论层面，从外延式发展逐步转为内涵式发展。在此背景下，国内教育界研究者开始从各方面探索"00 后"大学生所处时代的特征。

用被引次数进行排序，通过利用"关键词共现"的方式对中国知网 2000—2019 年主题词为"大学生"和"时代特征"的中文文献以及所整理筛选出的 200 篇中文文献的关键词进行聚类后可以发现，这些文献以"价值取向""校园文化""教育内容"为主（如图 3-2）。

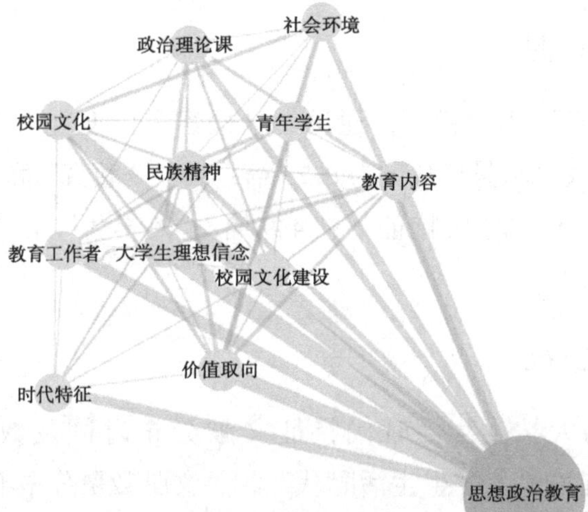

图 3-2　关键词共现

（三）研究现状

为了进一步了解“00后”大学生所处时代的特征，笔者对收集到的文献资料进行阅读，并通过对文献资料的分析与推敲，对国内“00后”大学生时代发展现状进行了归纳整理。

1. 时代主题的相对稳定

党的十九大报告指出：“世界正处于大发展大变革大调整时期，和平与发展仍然是时代主题。”这是在对时代趋势和世界形势进行了全面深刻分析的基础上得出的科学论断。人类在20世纪经历了两次历史性战争灾难，“各交战国动员了7350万人参战，其中阵亡人数超过了1000万，相当于过去1000年间欧洲发生的所有战争中死亡的总人数……大战的直接和间接的战费高达3311亿美元，比1793—1907年欧洲历次战争开支总和还多10倍”①。正如习近平总书记所说：“中国人民对战争带来的苦难有着刻骨铭心的记忆，对和平有着孜孜不倦的追求，十分珍惜和平安定的生活。中国人民怕的就是动荡，求的就是稳定，盼的就是天下太平。”②从20世纪80年代起，世界逐渐进入以“和平与发展”为主题的时代，这为中国和平发展提供了根本的前提条件和现实可能性。因此，“00后”所处的时代，“和平发展”的时代主题相对稳定，同时又在不断继承和发展，这为中国的发展提供了根本外部条件。

2. 经济发展的崭新变化

进入21世纪以来，世界经济和中国经济都有了新的发展，这主要体现在以下两方面。一是经济全球化进程的不断加深。闫坤等认为：“从全球化在当前的发展来看，多极化格局中‘极点’互动的特点表现愈发明显，而资源要素也在全球布局中表现出新的特点。”经济全球化浪潮仍在不断席卷着世界每一个角落，跨国公司、跨领域合作、贸易全球化、生产全球化、金融全球化愈发明显。二是中国经济“新常态”的提出。2014年，习近平总书记首次提出“经济新常态”的概念，其特点就是经济增长速度从高速增长转为中高速

---

① 唐贤兴．近现代国际关系史［M］．上海：复旦大学出版社，2002.

② 习近平．更好统筹国内国际两个大局，夯实走和平发展道路的基础［N］．人民日报，2013-01-30.

增长；经济结构不断优化升级，去除粗放型发展；从要素驱动、投资驱动转向服务业发展及创新驱动。中国加入WTO以来，经济持续增长，后来，经过如举办G20峰会、实施"一带一路"倡议等重大决策后，现已成为世界第二大经济体，供给侧结构性改革不断深入。胡鞍钢等认为，"供给侧结构性改革是在经济新常态下，党中央主动适应新的经济发展环境，主动引领经济发展方式转变的重大战略性创新举措"。在这样的经济发展态势下，"00后"的成长发展有了坚实的经济基础。

3. 发展理念的不断完善

党的十八届五中全会提出"创新、协调、绿色、开放、共享"的发展理念，分别聚焦了发展动力、发展不平衡、人与自然关系和谐、国内与国际发展、社会公平等问题。陈金龙认为，"发展理念是发展行动的先导，是管全局、管根本、管方向、管长远的宏观战略，是发展思想、发展方向、发展着力点的集中体现"。创新、协调、绿色、开放、共享五大发展理念既是一个有机统一的整体，又统筹协调，以发展目标和发展问题为导向，不仅促进了中国特色社会主义理论的发展，也对国家可持续发展、提高国际地位有着很大的推动作用。同时，发展理念的不断完善也对"00后"的价值观、发展观产生了重要的积极影响。

4. 科技创新的日益重视

习近平在世界公众科学素质促进大会上提出，"科学技术是第一生产力，创新是引领发展的第一动力"。王英俭等认为，"科技创新始终是推动生产力提升，促进生产关系变革和劳动生产率提高的根本动力。"从历史的角度看，18世纪30年代，以飞梭、蒸汽机的发明和应用为主要标志的第一次工业革命提升了工业发展的速度；第二次工业革命极大地推动了社会生产力的发展，对人类社会的经济、政治、文化、军事、科技和生产力产生了深远的影响；第三次科技革命以原子能、电子计算机、空间技术和生物工程的发明和应用为主要标志，促进了世界范围内社会生产关系的变化，而中国也在其中扮演了日益重要的角色，从高铁、移动支付、网购、共享单车的产生，到"天眼""蛟龙"的投入使用，科技创新的发展正不断影响着人民的生活。不仅如此，对于"00后"而言，随着新媒体、大数据、融媒体等技术的持续更新，其生活习惯、生活方式也在不断改变，展现自我意愿的机会和平台也逐渐增多。

5. 文化自信的逐渐增强

文运与国运相牵，文脉同国脉相连。建构具有中国特色、中国风格和中国气派的文化自信话语体系，关键在于把握中国特色文化自信的话语权。话语权主要是指“话语所包含的符号、概念、价值观、意识形态等要素在国际社会产生的影响力、吸引力”。文化自信是一个国家、一个民族、一个政党对自身文化价值的充分肯定，以及对自身文化生命力的坚定信念。从本质上来讲，文化自信是一种自觉的心理认同、坚定的信念和正确的文化心态，是提升我国综合国力中软实力的源泉和动力。随着改革开放的不断深化，在引进国外先进技术的同时，我们也无法避免地被外来文化所影响，“过洋节”“追洋星”的媚外心理时有产生。但随着我国硬实力的不断提升，软实力也在逐渐增强，而“00 后”正是成长并生活在这样一个文化自信逐渐增长起来的时代。“中国诗词大会”的热播、“孔子学院”的兴起、“归国热”“习式用典”等多种表现，让我们的文化自信技能“引进来”又能“走出去”，并深深影响着“00 后”三观的形成、未来的发展。

综上所述，在以和平发展为时代主题的大背景下，经济全球化进程不断加深，我国供给侧结构性改革形成了新常态，打下了坚实的经济基础。在此基础上，发展理论的不断完善、举旗定向，为我国发展提供了有力的政策支持及保障，科技创新和文化自信又为综合国力的提高插上了腾飞的翅膀，“00 后”正是在这样的时代背景下不断成长，形成了自己的特点。

二、受教育者视角下的时代发展特征

（一）“00 后”大学生视角下的时代发展宏观特征

2018 年秋季，“00 后”正式作为一个群体进入大学校园。这群被称为“千禧宝宝”的“00 后”，生活在资讯十分丰富的互联网时代，思维活跃、个性鲜明，喜欢接受新事物，对社会重大事件尤其关注。

为更直观地了解“00后”大学生视角下的时代发展特征，我们通过面对面访谈倾听他们对成长过程中影响较大的社会事件或自身成长经历的看法，这些对于分析“00后”大学生的思想行为特点有非常重要的意义。

1. 政治方面

“00后”大学生生活在民主法治建设迈出重大步伐的时代。十九大报告指出：“中国坚持反腐败无禁区、全覆盖、零容忍。”访谈中，“00后”大学生对中国反腐事件十分关注，认为全面从严治党成效卓著、深得民心。在爱国主义教育方面，2014年首个南京大屠杀死难者国家公祭日、2015年纪念中国人民抗日战争暨世界反法西斯战争胜利70周年、2019年国庆游行阅兵等，给“00后”大学生留下深刻的印象，使其深受教育和启示。提到叙利亚等西亚北非局势这样的重大事件，“00后”大学生表示自己生活在安定和平的社会环境下弥足珍贵，更加珍爱和平。

2. 经济方面

“00后”大学生生活在物质生活更加丰富、人民获得感更强的时代。十九大报告指出：“中国特色社会主义进入新时代，我国社会主要矛盾已经转化为人民日益增长的美好生活需要和不平衡不充分的发展之间的矛盾。”人民的“获得感”既表现在物质生活方面得到满足、享受，也表现在精神和价值方面有尊重感、认同感、成就感、参与感。在“00后”大学生看来，2008年奥运会、APEC北京会议、“一带一路”倡议都彰显了中国的经济实力，他们见证了中国从“站起来”到“富起来”再到“强起来”的伟大飞跃。

3. 外交方面

“00后”大学生生活在全方位外交布局深入展开的时代。实施共建“一带一路”倡议、举办G20峰会等，使我国国际影响力、国家感召力及塑造力进一步提高，为世界和平与发展做出新的重大贡献。2012年“钓鱼岛事件”，再次向世界表明中国捍卫领土完整的决心和实力。2018年的中美贸易战和“华为事件”，中国据理力争、不卑不亢，彰显大国风范。

4. 科技文化方面

“00后”大学生生活在文化自信得到彰显、国家科技文化软实力和中华文化影响力大幅提升的时代。“神舟”系列载人飞船发射成功、第一艘国产航空母舰下水、“蛟龙”号深潜创新纪录，这些都向世界证明了我国在航空及军事领域的科技实力。屠呦呦凭借青蒿素获诺贝尔科学奖，提升了中国在世界科学界的地位，成为中国人的骄傲。

5. 社会生活方面

“00后”大学生生活在社会文明水平尚须提高，社会矛盾和问题交织叠加的时代。近年，中国经济高速发展的同时，社会文明和国家生态水平领域却偶尔发出不和谐的声音。三鹿奶粉事件、假疫苗事件多次将中国产品质量、社会诚信及社会治安问题推到风口浪尖。在生态文明建设方面，党的十九大首次将“树立和践行‘绿水青山就是金山银山’的理念”写入报告。“00后”大学生期待蓝天白云不是梦想，而是能够实现的理想。

习近平总书记在党的十九大报告中指出：“经过长期努力，中国特色社会主义进入了新时代，这是我国发展新的历史方位。”这也是“00后”大学生视角下的新时代。改革开放40余年，面对中国的快速崛起，“00后”大学生从自己独特的视角阐述了新时代特征。

（二）“00后”大学生视角下的时代发展微观特征

笔者通过关键事件访谈法访谈了9名“00后”文科专业大学生，了解了对“00后”大学生成长影响较大的社会事件，进而整理出“00后”大学生所处的时代发展特征。

1. 国家实力显著增强，改革发展效果明显

2015年11月27至28日，中央扶贫开发工作会议在北京召开，习近平总书记发表重要讲话，指出：消除贫困、改善民生、逐步实现共同富裕，是社会主义的本质要求，是我们党的重要使命。党的十九届四中全会提出，“坚决打赢脱贫攻坚战，建立解决相对贫困的长效机制，健全幼有所育、学有所教、劳有所得、病有所医、老有所养、住有所居、弱有所扶等方面国家基本公共服务制度体系，注重加强普惠性、基础性、兜底性民生建设，保障群众基本生活”。按国际标准，我国对全球减贫的贡献率已达到70%以上，成为全球第

一个实现联合国千年发展目标的发展中国家。在访谈中我们发现，虽然不同学生的家庭经济条件有差异，但是无一例外都表示没有贫困的感觉。即使有在偏远地区享受国家经济资助政策的学生，希望能够尽快工作赚钱，原因也并不是家里亟须改善经济条件，而是为了提升个人独立性，摆脱依赖他人的状态。学生9表示：随着时代发展，学生的目标也在不断变化，强国梦奋斗目标不是空谈，而是与时俱进，政府一直在努力。国家的发展给予人民极大的安全感、幸福感。2008年北京奥运会胜利召开，学生9升起强烈的民族自豪感，忍不住为祖国点赞。

2. 地区发展不平衡，生活方式、教育理念、教育资源差异化明显

生活方式上，国内地区发展不平衡，经济发达地区享有更多的资源与机遇，生活节奏较快。学生7表示，北京人口非常密集，在北京坐地铁，感觉自己是“肉夹馍中的肠”。学生8说“我来北京的第一感觉就是，每天都在赶着做事，每个人都在赶地铁，而且每个人的走路速度都好快”“一天在匆忙的脚步声里度过”。四川生活节奏比较慢，学生表示：“大家都会在马路上吃饭、喝茶、打麻将，很舒服。”西藏的同学表示：“在西藏就是在茶馆里转转经筒、聊聊天，大家都聚在一起喝甜茶、吃炒面，不认识的人插上两句话，就跟茶馆差不多，很幸福。”

教育理念上，经济欠发达地区“教育改变命运”的观念较重。学生4来自西藏，家人、朋友和自己都认为一定要到内地读书，考上内地西藏班，享受更好的教育资源，这样未来才有更好的发展。学生1认为，经济发达地区的家长与子女对教育持更“开放”的态度，“我妈觉得我有个学上就行，读专科、学艺术都没问题”，“比起成绩来，我更关注读书期间的经历、结识的朋友、锻炼的能力和充实的生活”。学生2表示父母在自己学习上没有施加过压力，唯一的期待是“我健健康康、快快乐乐的”。

教育资源上，学生9发现，“虽然有了九年义务教育，但有些地区并没有完全实现有效推行，个别学生九年义务教育没有完成就不再读书了”。他的同学中有一个来自农村，是当地唯一考出来继续读书的人，这个同学说：“家里一些同学初中就辍学了，九年义务教育都没有读完。”在北京地区，学生3一直在名校读书，她认为名校的老师非常好，学校也会为学生提供足够、丰富的资源，推着人往上走，不需要寻求额外的教育资源。

3. 信息多元化与片面性、不确定性、娱乐性

中国互联网络信息中心 2019 年 2 月 28 日在北京发布第 43 次《中国互联网络发展状况统计报告》。截至 2018 年 12 月，我国网民规模为 8.29 亿，人均周上网时长为 27.6 小时。其中，手机网民规模达 8.17 亿，2018 年全年新增手机网民 6433 万；网民中使用手机上网的比例由 2017 年年底的 97.5% 提升至 2018 年年底的 98.6%。学生 6 提到，“我初一、初二才真正开始玩手机，现在的小孩，六七岁就用手机”。同时，上述报告指出，截至 2018 年第三季度末，全国行政村通光纤比例达 96%，贫困村通宽带比例超过 94%。信息技术的迅猛发展，让人们能够迅速得到大量、丰富的资讯，并发表自己的见解。

信息多元化带来优势的同时，也引发了信息片面性的悖论。随着机器学习等信息技术的发展，软件会自动分析用户的浏览数据，并根据个人阅读习惯推送高同质性信息，这导致用户接收不同信息的机会与途径减少，产生信息片面性等问题。而因为信息多元、众说纷纭，导致事实真相扑朔迷离，不确定性增强，网络谣言层出不穷。学生 6 提到，日本核电站泄漏后，大家疯传海盐受到核污染，有辐射，对人体健康有害，于是产生抢盐风波。据说当时有人买了一车盐，一辈子都吃不完。对此，国家迅速反应，辟谣后风波很快停止。与此同时，信息多元化、知识碎片化也使大家更乐于追踪热点、保持好奇。比如，马航事件引起很多国人关注，但有一部分人并不是为了了解事情真相，而是为了满足好奇心，把它变成一个谈资，一种标榜自己信息灵通的资本，形成“旁观者心态”，娱乐至上。

4. 社会价值观念多元化

学生 3 认为，“我们这一代人和父母这一代人比，经济条件好很多。父母那一代人因为穷，总想着要为了生活而奋斗。现在的小孩可能经济条件比较好，又受外国文化的影响，崇尚所谓的自由，就没什么现实压力。再加上有手机、互联网之类的，(价值观)就比较多元”。学生 2 提到，“人生信念就是让自己过得开心、过得快乐。努力是为了什么，是为了获得更高层次的快乐”。学生 3 听完“一带一路”总设计师何茂春教授的报告后，改变了原来受股民父亲影响的追求金钱的价值观念，“我就觉得人生追求不应该纯粹是物

质方面的，只要能为这个社会，大到国家，小到个人做些什么，都特别有意义”。很多学生在访谈中都谈到自己有很强的自尊心，希望别人认为自己很厉害，追求被认可、被接纳、被信任的感觉，不能忍受被区别对待。学生2回忆：“我犹记得被否定时那种感觉，就很难受，冲劲一下子就没了。”

站在受教育者的角度，综合分析“00后”大学生所处的时代的发展特征，从宏观来讲，政治上民主、和平、安定，经济上物质生活丰富、人民获得感增强、经济实力腾飞，外交上有礼有节、大国风范，科技文化上软、硬实力增强，生活上文明水平提高、环境意识增强。从微观来看，国家实力增强、地区发展不平衡、信息多元化、价值观多元化，这些都成为“00后”大学生的关注焦点，也反映了他们的思想行为特点。

三、教育者视角下的时代发展特征

2019年1—3月，我们共与6位教育者进行了访谈。其中，出生于20世纪40、50、60、70年代各1位，80年代2位；教师2位、管理人员3位、退休人员1位。访谈基本按提纲进行，访谈提纲见附录，每人约30分钟。访谈后，经过整理，我们得出以下结论。

1. 社会主义核心价值观深入人心，凝聚力增强

社会主义核心价值观是社会主义核心价值体系的内核，体现社会主义核心价值体系的根本性质和基本特征，反映了社会主义核心价值体系的丰富内涵和实践要求，是社会主义核心价值体系的高度凝练和集中表达。

党的十八大以来，中央高度重视培育和践行社会主义核心价值观，习近平总书记也多次对此做出重要论述、提出明确要求。2017年10月18日，习近平总书记在十九大报告中指出，要培育和践行社会主义核心价值观，要以培养担当民族复兴大任的时代新人为着眼点，强化教育引导、实践养成、制度保障，发挥社会主义核心价值观对国民教育、精神文明创建、精神文化产品创作生产传播的引领作用，把社会主义核心价值观融入社会发展各方面，转化为人们的情感认同和行为习惯。

对于此，每一位被访者的话语中均有所体现。3号和4号被访者都是

2008年奥运会的亲历者。3号被访者说，“大家都有极大的爱国热情，都愿意参与到国家盛事当中，因为不知道今后哪年再办，所以不能错过”；4号被访者谈到2008年奥运会自己安保值班中发生的一件事情，他说自己在这件事情中最大的体会就是“别看大家平时好像都各顾各的，但一到关键的时刻，国人的凝聚力还是很高的，每个部门和每个人都有很强的责任心”。5号被访者参加了庆祝中华人民共和国成立60周年大会的群众游行，她说：“当时学生和我都特别兴奋，觉得能参加国家这样的一个大事件，能在万众瞩目下从天安门广场走过去，特别自豪。可能从电视上根本都看不到我们每个人的脸，也回不了家，但父母仍然很兴奋，会更加自豪和关注。我想，每个学生也是。其实整个过程还挺辛苦的，尤其到后面彩排，都是深夜进行，但是没有同学抱怨，这也能看出学生对国家大事件的关注和对祖国的热爱。”

2. 创新创业意识不断增强，个体间存在较大差异

李克强在2014年9月的夏季达沃斯论坛上公开提出“大众创业，万众创新”的口号，希望激发民族的创业精神和创新基因。2015年，李克强在政府工作报告中又提出：推动大众创业、万众创新，“既可以扩大就业、增加居民收入，又有利于促进社会纵向流动和公平正义”。在论及创业创新文化时，报告强调“让人们在创造财富的过程中，更好地实现精神追求和自身价值”。创新创业意识在大众中不断提升，但每个人的见解想法不同，代与代之间、同代之间会有分歧，行动也不同。

1号被访者在谈自己的科研工作时说：“工作中，我经常会蹦出一些点子，我会把这些点子写在本子上，现在已经用了好几个本子。”4号、5号被访者为创新辅导学生的工作方法、机制，创建了自己的辅导员工作室，以此为平台，不断提高自己的职业化、专业化水平。5号、6号被访者作为“80后”都提到了创业的事情。5号被访者谈到了自己的哥哥，说“哥哥是挺有志向的一个人，他在导师的帮助下，成立了一个律师事务所，但他成立律师事务所时，大家特别不看好他，父母也有些不支持，可他自己特别笃定，于是一直做到现在，做得非常好”。

3. 投身终身学习，用知识改变命运

在整个人类的发展史中，知识一直都扮演着最重要的角色，任何一个

时代的人都不会忽视学习和知识的重要性。当今时代已经进入到终身教育的时代。

3号被访者认为，国家、社会的前进需要人才的助力，自己必须主动跟上时代的发展，因此她在本科毕业后相继读了硕士、博士。

4号被访者本科毕业后本来在一家效益不错的企业工作，“但是我是个不安于现状的人，于是2008年克服了各种困难，考到了北京工业大学，实现了自己的求学梦”。5号被访者说，“对于大部分孩子来说，知识确实能改变命运，尤其在现在这个信息化时代，如果没有一定的知识储备，可能连生活都没办法应付，必须要不断学习，不断地去扩宽自己的视野”。6号被访者从英国剑桥大学博士毕业后回国工作，他谈道：“我中学的寒暑假经常被父母送到北京来学英语，我印象里的频率差不多每年一次吧，因为北京有可以住宿的班级，吃住学都在那里。”

综上所述，教育者与受教育者关注的相同点在于对国家发展的认同与肯定，不同点在于教育者视角下的时代发展特征更具有现实性和条理性。一是从自身经历出发，真切地感受到了社会主义核心价值观的深入人心；二是面对不断开放的环境，创新创业意识不断增强；三是认识到学无止境，终身学习意识进一步提升，这些观点让“00后”所处的时代发展特征更加充实立体。

第四章
"00 后"大学生思想和行为特征研究

一、"00 后"大学生思想和行为的具体体现

"00 后"大学生的思想观念和行为表现是主观意识和客观实践相结合的关系，二者统一体现为"知行合一"，这也是思想政治教育的重要内容。考察"00 后"大学生的思想观念和行为表现，就是要看"00 后"大学生个体价值意识形态与价值表现的关系，如大学生内心如果有强烈的爱国意识，那么就要付诸行动，维护国家荣辱与国家统一，不做与热爱国家价值观念不相符合的行为。了解"00 后"大学生思想观念与行为表现是否统一，能够为高校思想政治教育教学提供有力帮助。

（一）思想观念

1. 就业观

就业观念是指大学生这一就业主体对就业目的、意义、方式、空间等方面的根本看法和态度。它是由就业的动机，就业的定向，就业的选择范围、途径及方式等多种要素构成的有机整体。就业观念受一定的社会政治、经济、文化状况的影响，具有社会性，同时又受学生的世界观、价值观和个人的经验所制约，具有个性。

从就业动机来看，在个体心理要素、生活经历、同伴思想行为以及个体

所在家庭的教育方式等多重因素的影响下，“00 后”大学生在上学期间就开始寻找合适的就业职位和就业方向。在考虑未来就业方向时，除去满足个人价值追求需要外，他们更希望毕业后能够找到一份职业和薪水都较为乐观的工作。

从就业范围而言，部分“00 后”大学生在走向就业市场前就为自己的就业范围划定了界限。受家庭教育影响，他们在工作单位性质方面，多倾向于选择较为稳定的党政机关及事业单位；在工作性质方面，他们更倾向于工作环境优越、工作压力较小的工作；在工作地点方面，经济较发达的大城市仍然是他们的理想选择。

2. 消费观

从成长环境的物质条件看，“00 后”生活的时代物资较为充裕，他们有更多的时间和更加轻松的心态去追求更多个性化的东西。

从消费取向看，“00 后”大学生更愿意把金钱投在自己喜欢的事情上，他们觉得培养爱好和技能是很重要的，投入金钱也是非常值得的。满足了最基本的生活条件以后，“00 后”群体会将剩余的金钱用来提升自己、享受生活。“00 后”会依据自身经济条件，尽可能提高自己的生活品质和生活质量。

从消费心理看，“00 后”对金钱的观念是，通过消费享受生活的同时，去赚取更多的金钱。同时，“00 后”省钱的理念越来越弱，赚钱思维越来越强。他们的理念在于，投资自身，赚钱大于省钱。不难发现，现在“00 后”青年创业越来越多，他们可以通过不同渠道创造市场。

（二）行为表现

1. 志愿服务情况

在关于大学生的行为研究中，有一项专门针对志愿服务情况的研究。现阶段高校大学生参与志愿服务的人数逐年增多，大多数同学都以积极的态度面对志愿服务，甚至主动寻找机会参与志愿服务。

就服务动机而言，受个人的生活经历及同伴影响，我国大学生参与志愿服务的主要动机源于追求自我提升。正如前文所说，得益于 21 世纪中国经济的发展，个性化的价值追求是“00后”大学生群体身上最显著的特点。比起物质获得，他们更注重个体的情感体验和价值实现，因此选择参与志愿服务也是基于这一点。此外，志愿服务动机还会受到个人积累阅历需求和个人未来发展需求的影响。

从服务类型来看，在时代特征和社会的主流价值观影响下，我国“00后”大学生参与的志愿服务以社区服务、敬老院服务和义务支教服务为主。

2. 消费情况

消费情况背后蕴含的是消费者的决策个性和消费价值观。通过调查可知，中国“00后”大学生的消费决策呈多维性。

具体来说，“00后”大学生的消费有休闲娱乐型、品牌认知型、经济实惠型、完美主义型、忠诚习惯型、新潮时尚型、困惑不决型、信息利用型和决策依赖型等九种型态。[①] 这样的多维性特征也与年轻人个性化色彩加强以及我国社会经济的快速发展具有某种内在联系。正如前文所说，“00后”大学生作为独立消费的新群体，在消费上表现出新的特征，虽然适度消费占主流，但在消费主义思潮的影响下，消费中也存在消费主义倾向。因此，“00后”大学生的消费更有主见，更加追求个性。从大学生本身的消费情况来看，可以将他们分为焦虑型消费者、实惠型消费者、忠诚型消费者、质量型消费者和时尚型消费者等五个族群。除了焦虑型消费者规模较为突出以外，其他族群规模都较为接近。究其原因，可能是大学生消费基金有限、勤俭节约的传统文化、理性购买（而非冲动购买）等因素的综合作用。

3. 阅读情况

互联网技术的不断发展，一方面为“00后”大学生阅读活动的开展提供了丰富的资源和便利的方式，另一方面也开阔了“00后”大学生的阅读视野。但是，它也使“00后”大学生的网络行为表现出重娱乐而轻学习的特征，由此使部分大学生对传统的书籍阅读丢失了兴趣，也引发了“阅读危机”。

一项关于“00后”大学生阅读现状的研究显示，在学生群体中，平均每天阅读时间低于一小时或无课外阅读时间的学生比例高达半数，大学生人均

---

① 宋思根，冯林燕．青年消费者决策型态研究——兼谈中外大学生消费决策行为的差异［J］．广东商学院学报，2008（05）：92-97.

阅读书籍的数量较少，每周能坚持至少读完一本书的学生人数不足半数。同时，大学生到图书馆借阅图书的次数也呈逐年下降的趋势，更有的本科生甚至从未查阅与利用过图书馆的文献资源，闹出不知知网为何物的笑话。[①] 此外，“00后”大学生的阅读现状还呈现出功利性、实用性和娱乐化的特点。就功利性、实用性而言，大学期间很多同学无论是去图书馆自习还是借阅书籍，更多的是选择与考试、就业、考证等相关的书籍，如公务员考试书籍、考研书籍、四六级考试书籍、计算机等级考试书籍、教师资格证相关书籍，以及与其所学专业相关书籍等，而像国内外文学著作、哲学伦理等经典书籍却鲜少涉猎。从调查中发现，在各类考试前期，相关图书的借阅量能达到最高值，图书馆或自习室会出现“爆满”“一座难求”的情况，而在考试结束后则又恢复了之前鲜少人问津的情况。

就娱乐化阅读而言，正如前文所说，网络中存在的多元娱乐方式对“00后”大学生有着巨大的吸引力，他们可以通过网络放松心情、扩展兴趣、结识网友、消磨时间等，娱乐属性使网络成为“00后”大学生生活的调味剂和调色板。娱乐化阅读则是以纯粹的娱乐、享受和消遣为目的的阅读。近年来，随着微博、微信等各类媒体的发展，学生的阅读方式也有了更多的选择，不仅有传统的读书，还有声音阅读甚至视频阅读。在多种娱乐资源的冲击下，一方面，获取知识的便捷性使同学们在遇到问题时不必仅依靠书本来解决；另一方面，娱乐化阅读也在冲击着同学们的学习和生活。

从积极方面看，适当的休闲放松可以在一定程度上减轻学生们学业、生活、感情、就业等方面的压力，同时，网络自由开放、方便快捷的特点，也能满足大学生追求个性的需求。从消极方面看，正如前文所说，虽然“00后”大学生掌握的网络技能较为丰富，但其网络素养远不足以抵御新的冲击和考验，一方面因为自制力不够强不能合理安排上网时间，影响学习和休息；另一方面因为对网络信息的筛选能力较差，明辨是非能力不足，容易受到错误思想引导，进而影响个人的思考和行为表现。因此，“00后”大学生的阅读现状，既体现了“00后”大学生缺乏利用网络探索新知识、学习新技能的主动

① 张静，张九海 . 中外对比视野下中国当代大学生阅读现状研究［J］. 社科纵横，2019，34（10）：90-93.

性，还暴露出“00 后”大学生对网络的高依赖度。

研究提出，根据 2007 年美国国家艺术基金会发布的国家报告，美国大学毕业生的阅读能力呈下降趋势。美国全国学者协会在 2016 年发布的美国大学生暑期阅读评估报告中也明确指出，大学向学生推荐阅读的书目越来越浅显，越来越缺乏挑战。由此，我们不难发现，美国大学生同我国大学生一样，都面临着以阅读能力下降、阅读意愿降低、阅读行为数字化为特征的阅读危机。①

4. 社交方式

“00 后”的父母受教育程度普遍较高，耳濡目染之下，大多数“00 后”对关系人脉等接触得更多、更广泛，从小就对社交异常敏感，时常有意识地找寻新的社交平台，扩大自己的社交圈，维护自己曾经的朋友人脉。因此，“00 后”有着更为主动的社交态度。

广泛的社交平台为“00 后”创造了得天独厚的社交条件。互联网的进步速度越来越快，对于“00 后”来说，他们从小就接触互联网，带有互联网思维，对于各种网络社交平台轻车熟路，有广大的资源，善于结交各种志同道合的朋友。而相对于打电话，现在用微信联络同学和朋友则更为方便。

同时，“00 后”对朋友的定义范围更广，对朋友的分类也更广。由于“00 后”更偏向于个体发展，因此对朋友更偏向于功能分类，有可以聊天的朋友，有专门一起看电影、看漫展的朋友，有专门约吃饭的朋友等。

5. 学习情况

由于社会压力日益加剧，“00 后”大学生的危机感越来越强。他们坚信，只有自觉自律，不断提升自己，未来发展才会更好，发展空间才会更大。因此，“00 后”大学生的自觉性和成绩普遍要高。同时，“00 后”大学生更加具有创新思维和想象力，在不断学习的同时，也在观察周围新鲜事物，不断主动了解新鲜事物并学习新的技能。

① 苑世芬，钱军．美国高校对大学生阅读行为的指导研究［J］．图书情报工作，2018，62（08）：42-47.

6. 人生规划意识

“00后”大学生在高速发展的社会里，大多心智成熟较早，对自己的人生也有比较合理的规划和发展自我的意识。在大学生活里，他们会向自己认为对的方向不断学习进步，不断调整自己的短期目标与长期规划。他们对在大学里得过且过混日子的时光会有深深的自责感，大多数在很早就有了对高品质生活的向往和追求。

大多数“00后”大学生也坚信自己有适合的发展道路，渐渐脱离前人“读死书”的刻板意识，他们大多对自己的生活学习较为理性，自身发展也比较多元，愿意通过创业、投资等多渠道不断探索、学习，丰富自己的经历。

二、首都高校“00后”大学生思想行为特征

（一）调研背景

在中外大学生思想行为现状比较研究和纵向研究中，我们看到“00后”大学生身上有许多积极向上的优秀品质，如较强的竞争意识、较高的网络技术运用能力、较理性的处世能力等；也能看到一些消极因素的存在，如一些“00后”大学生有明确的政治立场但政治信仰迷茫，乐观自信但自我中心意识过强，思维活跃、追求独立但抵触外在约束，善于接受新事物但辨识能力弱，具有竞争意识但不重视手段正当性，人生态度较务实但有拜金主义取向等。正是“00后”大学生群体的这些特点，给新时代思想行为教育以新的机遇和挑战，分析这些机遇和挑战，是进一步做好“00后”大学生思想行为教育工作的基础。

作为新时代青年，“00后”在社会视野里越发引人关注。可以说，大学生活是每个人社会生活的预科班，“00后”的社会矛盾在大学校园内已经有所显现。相比于社会整体，“00后”的物质生活更加美好、丰富，但同时对于各方面的需求也更加苛刻。

（二）研究现状

1.“00后”相关研究

通过图4-1、图4-2可以了解到，知网上能够检索到的133篇期刊论文中，CSSCI期刊论文共7篇，分别是《思想理论教育》3篇、《学校党建与思想教育》1篇、《人民论坛》1篇、《当代青年研究》1篇、《图书馆杂志》1篇；其中2018年1篇，2019年6篇。

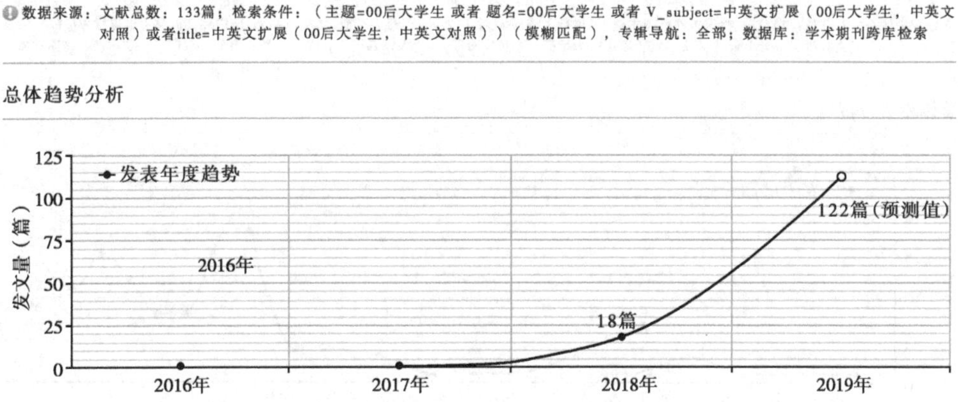

图4-1 “00后”大学生相关文献发表年度趋势图

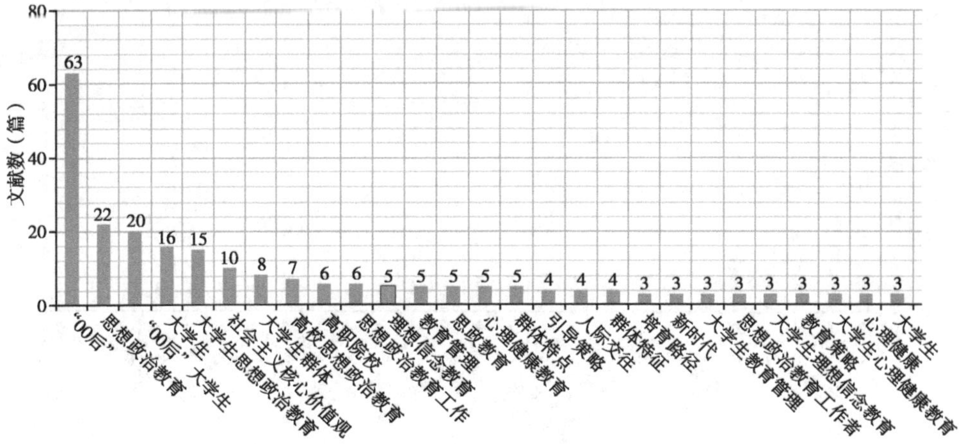

图4-2 “00后”大学生相关文献关键字分析图

除此之外还有 2 篇硕士论文，分别是《消费主义思潮对“00 后”大学生的影响及对策研究》（卢秋月，东北师范大学，2019）、《诺丁斯关怀伦理视域下“00 后”大学生正确恋爱观培育研究》（李潮升，吉林大学，2019）。

2. 思想行为特征相关研究

通过图 4-3、图 4-4 表可以了解到，知网上能够检索到的 144 篇期刊论文中，核心期刊论文 16 篇，主要发表在《思想理论教育》《学校党建与思想教育》《江苏高教》《当代青年研究》《成人教育》上。除此之外，自 2006 年

数据来源：文献总数：144篇；检索条件：（主题=思想行为特征 或者 题名=思想行为特征 或者 v_subject=中英文扩展（思想行为特征，中英文对照）或者title=中英文扩展（思想行为特征，中英文对照））（模糊匹配），专辑导航：全部；数据库：学术期刊跨库检索

总体趋势分析

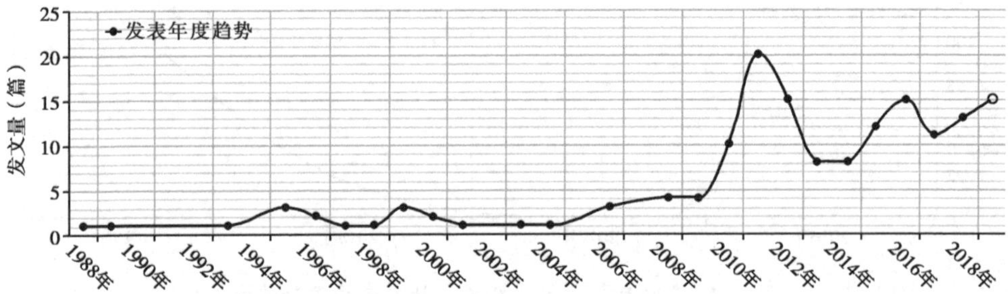

图 4-3　思想行为特征相关文献发表年度趋势图

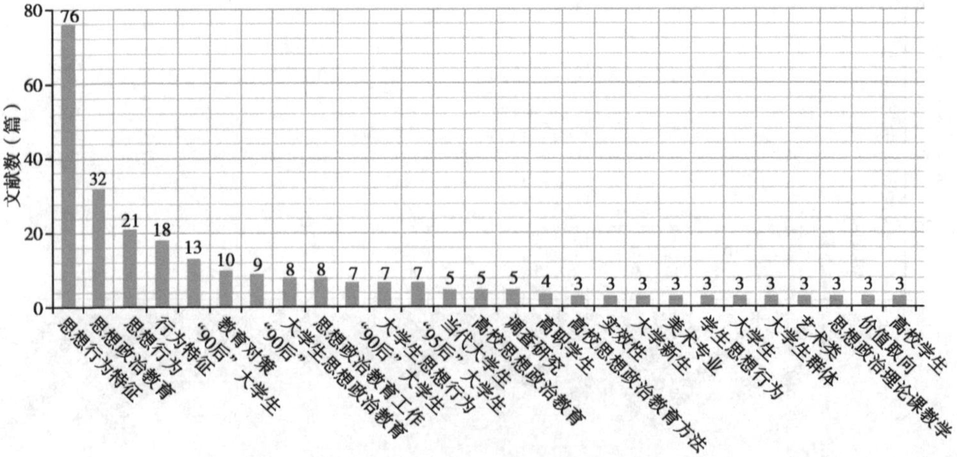

图 4-4　思想行为特征相关文献关键字分析图

第一篇关于“思想行为特征”的学术论文发表开始，至今共计33篇关于“思想行为特征”的博士、硕士论文发表。

3. 调研意义

从上述文献检索的信息情况可以了解到，目前我国虽然对“思想行为特征”“00后”的研究较为充实，但主要还是集中在理论层面的探讨，研究方法也以质性研究为主。除此之外，对于“00后”大学生这个特殊群体的思想行为特征研究较少，特别是实证类的研究比较匮乏。因此，本部分的研究通过问卷调查及访谈的混合式研究方法，对首都高校“00后”大学生思想行为特征的现状进行分析，旨在挖掘影响首都高校“00后”大学生思想行为的因素，为首都高校“00后”大学生思想行为的正确引导提出相对应的策略建议。

（三）《首都高校“00后”大学生思想行为特征调查问卷》设计

1. 问卷设计的理论基础

“00后”大学生的思想行为结构受到新时代发展特征的影响，是新时代背景所赋予的新的与时俱进的教育内容和道德要求产物。时代的发展影响着大学生的思想和行为，要探究时代赋予大学生的思想和行为特点，就需要对大学生的思想行为要素进行剖析，分析各思想行为要素的内在特点、功能特征、要素与要素之间的相互关系状况以及单个要素与要素整体之间的关系。①

“00后”大学生身上有着与之前几代大学生身上相似的共性，也有自身的特性。在以和平为时代主旋律的21世纪，“00后”大学生还具有时代赋予的特性。时代赋予的“00后”大学生的思想行为要素包括他们的物质与文化需求、生活方式、思想观念、创新能力、个体意识、社会参与、责任意识、奋斗精神、爱国情怀等。

“00后”成长于中国移动网络时代，前几代人的努力为他们创造了良好的物质条件。所以，他们有着开阔的视野与属于自己的理想，但同时这也使得部分“00后”比上代人更为“娇气”。这些给高校思想政治工作带来了挑战，分析时代转型对其学习生活带来的影响，深入探讨在新时代环境下如何正确

---

① 董雪. 当代大学生情商教育研究 [D]. 青岛：中国海洋大学，2011.

引导"00后"的思想和行为，是高校教育的重大课题。[①②]

本书用一种大数据结合文本分析的方式对现有的4000篇著名学者的文章主题进行了整理，以便综合全面地归纳出当代大学生的共性。具体研究结果见表4-1。

表4-1 学者文章中的重要主题词

项目内容	相关内容					
个人状态	民族性	健康状况	特殊民俗			
恋爱方向	性观念	热恋				
志愿活动	公益活动	慈善	支教			
消费观	社会（家庭或学校）保障	超前消费	时尚（奢侈品）	月均收入支出		
信仰方面	政治信仰	理想信念	宗教信仰	爱国精神		
课余生活	周末学习情况	睡眠	睡前生活	体育		
思想潮流	后现代主义	利己主义	自由主义	马克思主义	正义	
特殊问题	离异	家庭暴力	歧视	残疾	聋生	贫困生
职业规划方面	创业	创新能力	实习	高等职业	月均收入期望	村干部
性格塑造	消极性（厌学，郁郁寡欢）	越轨行为	荣辱观	非主流	双重人格	情商	行为科学
外界影响新因素	音乐	偶像崇拜	明星	影音	娱乐节目	报纸刊物	艺术
社交方面	类微博	QQ	微信	web	虚拟社区	寝室	社团群体
网络方面	网红直播	网络招聘	网络小说	网络创业	网络教育（微课）	电子竞技	网络使用
其他方面	法制教育（意识）	中华文化	品德教育	学科知识	突发事件应急	责任意识	

① 陈云.意识形态安全视域下大学生思想政治教育研究[D].沈阳：沈阳航空航天大学，2018.

② 吴鼎福，诸文蔚.教育生态学［M］.南京：江苏教育出版社，2000.

2. 问卷内容设计

本书基于前文相关文献整理及理论分析，设计了《首都高校“00后”大学生思想行为特征调查问卷》，该问卷由人口学变量（5题）、家庭环境变量（6题）及思想行为特征变量（45题）三部分构成，共计5题，具体情况见表4-2。

表4-2 《首都高校“00后”大学生思想行为特征问卷》构成

<table>
<tr><th>相关因素</th><th>一级维度</th><th>二级维度</th><th>题号</th></tr>
<tr><td rowspan="5">人口学变量</td><td>性别</td><td>/</td><td>1</td></tr>
<tr><td>独生子女</td><td>/</td><td>2</td></tr>
<tr><td>民族</td><td>/</td><td>3</td></tr>
<tr><td>“00后”</td><td>/</td><td>4</td></tr>
<tr><td>就读学校</td><td>/</td><td>5</td></tr>
<tr><td rowspan="5">家庭环境变量</td><td>家庭所在地</td><td>/</td><td>6、7</td></tr>
<tr><td>家庭收入</td><td>/</td><td>8</td></tr>
<tr><td>父母学历</td><td>/</td><td>9</td></tr>
<tr><td>父母的管教方式</td><td>/</td><td>10</td></tr>
<tr><td>亲子关系</td><td>/</td><td>11</td></tr>
<tr><td rowspan="8">思想行为特征变量</td><td rowspan="2">爱国</td><td>爱国行为</td><td rowspan="2">12、18、24、30、36、48、52</td></tr>
<tr><td>政治信念</td></tr>
<tr><td rowspan="2">敬业</td><td>学习行为</td><td rowspan="2">13、19、25、31、37、43</td></tr>
<tr><td>学习兴趣</td></tr>
<tr><td rowspan="2">诚信</td><td>学术规范</td><td>15、21、27、33、39、45、50、54</td></tr>
<tr><td>恋爱与消费行为</td><td>14、20、26、32、38、44、49、53、56</td></tr>
<tr><td rowspan="2">友善</td><td>网络行为</td><td>17、23、29、35、41、47、51、55、42</td></tr>
<tr><td>社交与实践行为</td><td>16、22、28、34、40、46</td></tr>
</table>

（1）调查对象与问卷回收情况

最终版《首都高校“00后”大学生思想行为特征调查问卷》采用随机取样原则，北京大学、清华大学、北京师范大学、中国人民大学、中国政法大学、中国农业大学、北京外国语大学、对外经济贸易大学、北京航空航天大学、北京理工大学、北京工业大学、北京林业大学、北京科技大学、北京交通大学、中央美术学院、中央音乐学院、中央戏剧学院、北京中医药大学、首都师范大学等共计22所首都高校“00后”学生参与问卷填写。此次调查共收集问卷715份，剔除非“00后”、缺失数据、异常数据等无效问卷55份，共计660份有效问卷，其中男性377人，女性283人。

（2）问卷相关分析

研究还采用随机取样原则，通过多种渠道，要求被试填写网络版《首都高校“00后”大学生思想行为特征调查问卷》，共收集到有效问卷532份，用于信效度检测。由于《首都高校“00后”大学生思想行为特征调查问卷》中人口学变量、家庭环境变量两部分共计8题是对被试者事实情况进行描述统计，思想行为特征变量中的第42、49、53、56四道题也是客观事实情况描述题，共计15题，因此只对余下的41题进行相关分析。

（3）结构效度分析

首先用SPSS19.0统计软件计算每个项目与问卷总分的相关系数，并将数值结果与0.3数值相比较（0.3为参照的最低标准），删除项目中与问卷总分的相关系数小于0.3的项目，以保证问卷的结构效度。经统计筛查，仅有2个项目数值小于0.3，其余均大于0.3，故删除此项目，题号为第14题、第17题。利用SPSS19.0统计软件针对剩余的39道题进行KMO（Kaiser−Meyer−Olkin）和Bartlett球形度检验，结果见表4−3。

表4−3　KMO和Bartlett球形度检验

Kaiser-Meyer-Olkin度量		0.949
Bartlett球形度检验	近似卡方	10798.730
	df	741
	Sig.	0.000

根据Kaiser给出的常用的KMO度量标准，当KMO值大于0.9时，Bartlett球形度检验值小于0.05，即各个变量之间具有较大的相关性，原有变量之间非常适合做因子分析。表4-3数据显示，问卷各因子间KMO值为0.949、Bartlett值为0.000，因此剩余的39道题非常适合做因子分析。

在对剩余的39道题做因子分析时，数据显示第15题、第23题、第37题、第41题的因子载荷系数小于0.4，故删除这4题，并对剩下的35道题再进行因子分析。数据显示，公共因子的累计方差贡献率为57.174%（标准是大于40%），每道题的因子载荷均大于0.4，具体情况见表4-4。

表4-4 旋转成分矩阵

6个维度题项	成分						
	1	2	3	4	5	6	7
一 Q52	0.799						
一 Q48	0.778						
一 Q24	0.733						
一 Q36	0.639						
一 Q30	0.604						
一 Q18	0.589						
四 Q50	0.471						
五 Q34	0.441						
二 Q13		0.772					
二 Q19		0.639					
二 Q25		0.549					
一 Q12		0.571					
二 Q43			0.515				
三 Q44			0.614				
五 Q40			0.577				
六 Q47			0.575				

续表

6个维度题项	成分						
	1	2	3	4	5	6	7
六 Q55			0.525				
六 Q29			0.402				
五 Q22				0.541			
五 Q46				0.527			
五 Q28				0.509			
五 Q16				0.472			
四 Q21				0.472			
四 Q45				0.499			
三 Q20				0.467			
四 Q33					0.713		
四 Q54					0.646		
四 Q39					0.527		
二 Q31						0.593	
三 Q32						0.623	
三 Q26						0.691	
三 Q38						0.510	
六 Q35							0.695
四 Q27							0.694
六 Q51							0.637

由于问卷发放时是将所有6个维度的题项打乱顺序，在对剩下的35道题再进行因子分析时，部分维度提取成多个公因子，因此将不属于原维度的13个题项（第12、20、31、43、44、21、27、45、50、34、40、35、51题）删去，删除后具体情况见表4-5。

表 4–5《首都高校“00 后”大学生思想行为特征调查问卷》因子载荷

项目	爱国行为及政治信念	学习行为与兴趣	恋爱与消费	诚信与友善	社交与实践	网络行为
项目 18	0.589					
项目 24	0.733					
项目 30	0.604					
项目 36	0.639					
项目 48	0.778					
项目 52	0.799					
项目 13		0.772				
项目 19		0.639				
项目 25		0.549				
项目 26			0.691			
项目 32			0.623			
项目 38			0.510			
项目 33				0.713		
项目 39				0.527		
项目 54				0.646		
项目 16					0.472	
项目 22					0.541	
项目 28					0.509	
项目 46					0.527	
项目 29						0.402
项目 47						0.575
项目 55						0.525

通过对剩余22道题做因子分析发现，KMO值为0.949、Bartlett值为0.000、公共因子累计方差贡献率为57.224%，且每道题的因子载荷均大于0.4，因此本问卷具有较好的结构效度。

（4）问卷信度分析

通过对剩余22道题做可靠性分析发现，问卷的总信度大于0.9，各个维度信度大于0.7，说明问卷中各个项目之间一致性较良好、问卷信度较好，具体情况见表4-6。

表4-6 《首都高校“00后”大学生思想行为特征调查问卷》信度系数

维度	a 系数	维度	a 系数
爱国行为及政治信念	0.872	社交与实践	0.815
学习行为与兴趣	0.775	网络行为	0.763
恋爱与消费	0.713	总信度	0.902
诚信与友善	0.710		

（四）首都高校“00后”大学生思想行为特征分析

1. 描述性分析

由于《首都高校“00后”大学生思想行为特征调查问卷》是对首都高校“00后”大学生的“爱国行为与政治信念”“学习行为与兴趣”“恋爱与消费”“诚信与友善”“社交与实践”“网络行为”六方面的行为特征进行测量及说明的，利用SPSS19.0统计软件对相关数据进行均值、标准差等描述性分析，具体情况见表4-7。

表4-7 首都高校“00后”大学生思想行为特征

项目内容	爱国行为与政治信念	学习行为与兴趣	恋爱与消费	诚信与友善	社交与实践	网络行为	思想行为特征
均值	4.2308	4.0076	4.1879	4.6636	3.9367	3.4283	4.0906
标准差	0.66857	0.74893	0.67650	0.48514	0.59451	0.74257	0.49752

通过表 4–7 数据可以了解到，首都高校“00 后”大学生的思想行为整体情况良好。特别是在“诚信与友善”方面得分高于 4.5（满分 5）、“爱国行为与政治信念”方面得分高于 4.2（满分 5）。这也说明目前我国的高等教育、高中教育阶段，学校社会主义核心价值观教育开展的情况良好，首都高校“00 后”大学生对国家的认同感高，对个人诚信方面也比较看重。但同时通过数据我们也可以了解到，首都高校“00 后”大学生在“网络行为”“社交与实践”方面得分较低、劣势较大，在“学习行为与兴趣”“恋爱与消费”方面也有待加强与提高。

为了进一步了解引起首都高校“00 后”大学生在“网络行为”方面存在明显不足的原因，本书通过问卷了解到，首都高校“00 后”大学生在网络中会出现与现实生活中不一致的言行，具体情况见表 4–8。

表 4–8 网络与现实言行不一致的原因分析

编号	频率	百分比	有效百分比	累积百分比
1	125	19.1	19.1	19.1
2	255	38.9	38.9	58.0
3	94	14.4	14.4	72.4
4	29	4.4	4.4	76.8
5	76	11.6	11.6	88.4
6	76	11.6	11.6	100.0

（注：1 表示“想展示真正的自我”；2 表示“想释放现实中的压力”；3 表示“想发泄不满”；4 表示“想寻求刺激”；5 表示“受网上其他人的影响”；6 表示“想让大家知道自己的存在”。）

之所以出现这种情况，53.3% 的被试认为是为了释放现实中的压力及不满，19.1% 的被试是想展示真正的自我，各有 11.6% 的被试是受网上其他人影响和想让大家知道自己的存在，而最少的原因是想寻求刺激。

为了更加直观地了解首都高校“00 后”大学生在“爱国行为与政治信念”“学习行为与兴趣”“恋爱与消费”“诚信与友善”“社交与实践”“网络行为”六方面的行为特征，本书利用 SPSS19.0 统计软件对各个维度画了直方图，如图 4–5 所示。

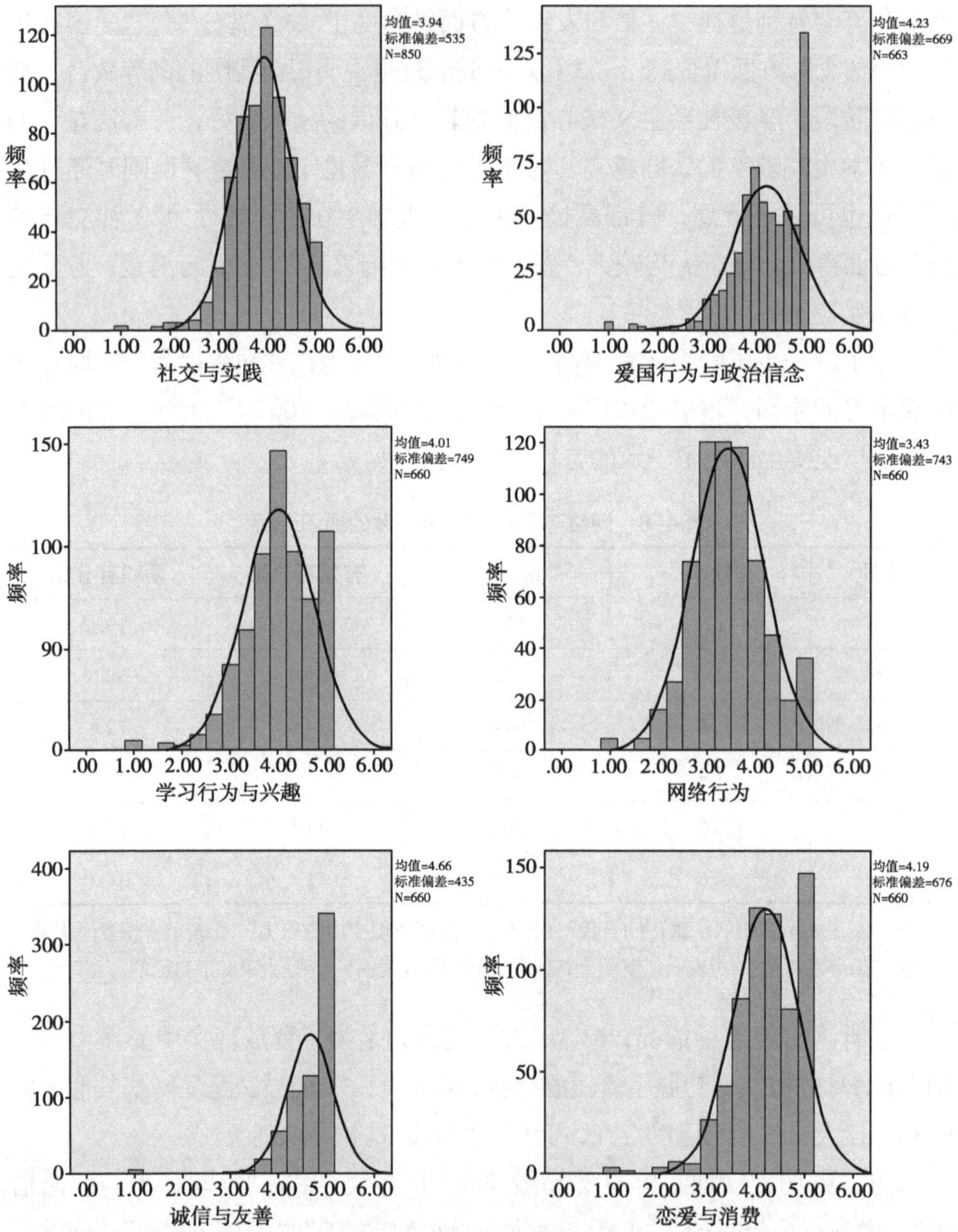
均值=3.94
标准偏差=535
N=850
频率
社交与实践
均值=4.23
标准偏差=669
N=663
频率
爱国行为与政治信念
均值=4.01
标准偏差=749
N=660
频率
学习行为与兴趣
均值=3.43
标准偏差=743
N=660
频率
网络行为
均值=4.66
标准偏差=435
N=660
频率
诚信与友善
均值=4.19
标准偏差=676
N=660
频率
恋爱与消费

图 4-5　各个维度直方图

“爱国行为与政治信念”均值为4.23，“学习行为与兴趣”均值为4.01，“恋爱与消费”均值为4.19，“诚信与友善”均值为4.66，“社交与实践”均值为3.94“网络行为”均值为3.43。

2. 差异性分析

利用SPSS19.0统计软件对首都高校“00后”大学生思想行为的六个方面进行显著性差异分析，具体情况见表4-9—表4-26。

（1）性别差异

表4-9 性别差异分析

内容名称	均值方程的t检验		
	t	df	Sig.（双侧）
爱国行为与政治信念	−0.570	658	0.569
	−0.578	635.760	0.563
学习行为与兴趣	0.050	658	0.960
	0.050	621.186	0.960
恋爱与消费	−1.182	658	0.238
	−1.201	637.650	0.230
诚信与友善	−2.856	658	0.004
	−2.949	655.595	0.003
社交与实践	1.503	658	0.133
	1.515	623.988	0.130
网络行为	−0.755	658	0.451
	−0.769	642.264	0.442

表4-10 均值标准差分析

内容名称	性别	N	均值	标准差
爱国行为与政治信念	男	377	4.2179	0.69681
	女	283	4.2479	0.62979

续表

内容名称	性别	N	均值	标准差
学习行为与兴趣	男	377	4.0088	0.76371
	女	283	4.0059	0.73011
恋爱与消费	男	377	4.1609	0.70672
	女	283	4.2238	0.63346
诚信与友善	男	377	4.6172	0.52527
	女	283	4.7256	0.41881
社交与实践	男	377	3.9668	0.60765
	女	283	3.8966	0.57516
网络行为	男	377	3.4094	0.78256
	女	283	3.4535	0.68625

通过表 4–9 数据结果可以了解到，在性别方面，首都高校“00 后”大学生思想行为中只有“诚信与友善”存在显著性差异（$P<0.05$）。通过表 4–10 均值数据可以了解到，首都高校“00 后”大学生思想行为在“诚信与友善”方面，女性（均值：4.7256 ± 0.41881）好于男性（均值：4.6172 ± 0.52527）。

（2）家庭所在区域（东部、中部、西部）差异

表 4–11　家庭所在区域（东部、中部、西部）差异分析

内容名称	F	P
爱国行为与政治信念	0.856	0.464
学习行为与兴趣	1.280	0.280
恋爱与消费	0.621	0.601
诚信与友善	5.180	0.002
社交与实践	1.824	0.142
网络行为	0.974	0.405

表 4-12 均值标准差分析

内容名称	所在区域	N	均值	标准差
爱国行为与政治信念	东部地区	360	4.2306	0.65455
	中部地区	183	4.2696	0.68688
	西部地区	116	4.1767	0.68359
恋爱与消费	东部地区	360	4.1935	0.65912
	中部地区	183	4.2149	0.68737
	西部地区	116	4.1236	0.71496
诚信与友善	东部地区	360	4.7111	0.42935
	中部地区	183	4.6539	0.53151
	西部地区	116	4.5402	0.54313
社交与实践	东部地区	360	3.9583	0.57876
	中部地区	183	3.9617	0.61173
	西部地区	116	3.8362	0.60890
网络行为	东部地区	360	3.4528	0.72082
	中部地区	183	3.4481	0.77637
	西部地区	116	3.3218	0.75493

通过表 4-11 数据结果可以了解到，在家庭所在区域（东部、中部、西部）方面，首都高校“00 后”大学生思想行为中只有“诚信与友善”存在显著性差异（$P<0.05$）。通过表 4-12 均值数据可以了解到，首都高校“00 后”大学生思想行为在“诚信与友善”方面，东部地区（均值：4.7111±0.42935）好于中部地区（均值：4.6539±0.53151），中部地区（均值：4.6539±0.53151）好于西部地区（均值：4.5402±0.54313）。

（3）家庭人均年收入差异

表 4-13 家庭人均年收入差异分析

内容名称	F	P
爱国行为与政治信念	2.016	0.091
学习行为与兴趣	3.212	0.013

续表

内容名称	F	P
恋爱与消费	0.876	0.478
诚信与友善	2.918	0.021
社交与实践	2.929	0.020
网络行为	0.324	0.862

表 4-14　均值标准差分析

内容名称	人均年收入	N	均值	标准差
学习行为与兴趣	5000 元以下	84	3.7579	0.78362
	5000~10000 元	148	4.0225	0.77923
	10000~20000 元	141	3.9905	0.75901
	20000~30000 元	86	4.0736	0.61655
	30000 元以上	198	4.0926	0.73955
诚信与友善	5000 元以下	84	4.5794	0.47738
	5000~10000 元	148	4.6351	0.51190
	10000~20000 元	141	4.6217	0.46157
	20000~30000 元	86	4.6628	0.38770
	30000 元以上	198	4.7576	0.51006
社交与实践	5000 元以下	84	3.8452	0.64344
	5000~10000 元	148	3.9206	0.59479
	10000~20000 元	141	3.8599	0.60678
	20000~30000 元	86	3.9215	0.55739
	30000 元以上	198	4.0492	0.56923

通过表 4-13 数据结果可以了解到，在家庭人均年收入方面，首都高校“00 后”大学生思想行为中“学习行为与兴趣”“社交与实践”“诚信与友善”

三个方面存在显著性差异（P<0.05）。通过表 4–14 均值数据可以了解到，随着家庭人均年收入增加，首都高校“00 后”大学生思想行为在“学习行为与兴趣”“社交与实践”“诚信与友善”三个方面的水平也呈增长趋势，只有在“5000~10000 元”阶段的水平略微高于“10000~20000 元”阶段的水平，具体造成此现象的原因还有待进一步探究。

（4）父母学历差异

表 4–15 父母学历差异分析

内容名称	F	P
爱国行为与政治信念	1.637	0.148
学习行为与兴趣	2.767	0.017
恋爱与消费	1.932	0.087
诚信与友善	6.304	0.000
社交与实践	1.415	0.217
网络行为	1.454	0.203

表 4–16 均值标准差分析

内容名称	学历	N	均值	标准差
学习行为与兴趣	小学	23	3.7971	1.11798
	中学	159	3.8742	0.78100
	专科	162	3.9918	0.72322
	本科	242	4.0771	0.72467
	硕士	56	4.1667	0.61299
	博士	15	4.2889	0.60246
诚信与友善	小学	23	4.1884	1.12737
	中学	159	4.6352	0.42395
	专科	162	4.6358	0.49120
	本科	242	4.7176	0.42908
	硕士	56	4.7457	0.32678
	博士	15	4.7556	0.32038

通过表 4-15 数据结果可以了解到，在父母学历方面，首都高校"00 后"大学生思想行为中"学习行为与兴趣""诚信与友善"两个方面存在显著性差异（P<0.05）。通过表 4-16 均值数据可以了解到，随着父母学历增高，首都高校"00 后"大学生思想行为在"学习行为与兴趣""诚信与友善"两个方面的水平也越来越高，这也可以说明家庭教育，特别是爸爸妈妈的引导对孩子们以后的成长与发展起着极其重要的积极作用与影响。

（5）家庭所在地（城市或农村）差异

表 4-17　家庭所在地（城市或农村）差异分析

内容名称	均值方程的 t 检验		
	t	df	Sig.（双侧）
爱国行为与政治信念	2.050	657	0.041
	1.920	228.672	0.056
学习行为与兴趣	3.814	657	0.000
	3.622	232.869	0.000
恋爱与消费	2.736	657	0.006
	2.524	224.226	0.012
诚信与友善	3.938	657	0.000
	3.351	204.066	0.001
社交与实践	3.640	657	0.000
	3.565	243.221	0.000
网络行为	3.918	657	0.000
	3.709	231.940	0.000

表 4-18　均值标准差分析

内容名称	所在地	N	均值	标准差
爱国行为与政治信念	城市	506	4.2612	0.64649
	农村	153	4.1351	0.73043
学习行为与兴趣	城市	506	4.0692	0.72382
	农村	153	3.8083	0.79719

续表

内容名称	所在地	N	均值	标准差
恋爱与消费	城市	506	4.2266	0.64760
	农村	153	4.0566	0.75296
诚信与友善	城市	506	4.7055	0.43755
	农村	153	4.5316	0.59535
社交与实践	城市	506	3.9837	0.58348
	农村	153	3.7859	0.60658
网络行为	城市	506	3.4901	0.71662
	农村	153	3.2244	0.79364

通过表 4-17 数据结果可以了解到，在家庭所在地（城市或农村）方面，首都高校“00 后”大学生思想行为的“爱国行为与政治信念”“学习行为与兴趣”“恋爱与消费”“诚信与友善”“社交与实践”“网络行为”六个方面都存在显著性差异（$P<0.05$）。通过表 4-18 均值数据可以了解到，首都高校“00后”大学生思想行为在六个方面，城市同学的水平均高于农村同学的水平。（此结论仅限于局部调查人群内的数据结果而谈，不作为对地域性、性别等规律性的结论。）

（6）独生子女差异

表 4-19 独生子女差异分析

内容名称	均值方程的 t 检验		
	t	df	Sig.（双侧）
爱国行为与政治信念	1.882	658	0.060
	1.836	284.399	0.067
学习行为与兴趣	3.343	658	0.001
	3.052	255.857	0.003
恋爱与消费	2.833	658	0.005
	2.665	267.704	0.008
诚信与友善	2.913	658	0.004
	2.532	238.924	0.012

续表

内容名称	均值方程的 t 检验		
	t	df	Sig.（双侧）
社交与实践	2.579	658	0.010
	2.528	286.755	0.012
网络行为	2.876	658	0.004
	2.799	283.220	0.005

表 4-20　均值标准差分析

内容名称	子女类型	N	均值	标准差
爱国行为与政治信念	独生子女	489	4.2597	0.65818
	非独生子女	171	4.1481	0.69274
学习行为与兴趣	独生子女	489	4.0648	0.70235
	非独生子女	171	3.8441	0.84967
恋爱与消费	独生子女	489	4.2318	0.64894
	非独生子女	171	4.0624	0.73743
诚信与友善	独生子女	489	4.6960	0.43869
	非独生子女	171	4.5712	0.59020
社交与实践	独生子女	489	3.9719	0.58552
	非独生子女	171	3.8363	0.61016
网络行为	独生子女	489	3.4772	0.72742
	非独生子女	171	3.2885	0.76948

通过表 4-19 数据结果可以了解到，在独生子女行为方面，首都高校“00后”大学生思想行为的“爱国行为与政治信念”“学习行为与兴趣”“恋爱与消费”“诚信与友善”“社交与实践”“网络行为”六个方面都存在显著性差异（$P<0.05$）。通过表 4-20 均值数据可以了解到，首都高校“00 后”大学生思想行为在六个方面，独生子女同学的水平均高于非独生子女同学水平。

（7）就读学校差异

表 4-21　就读学校差异分析

内容名称	F	P
爱国行为与政治信念	1.197	0.310
学习行为与兴趣	5.298	0.001
恋爱与消费	2.403	0.067
诚信与友善	1.334	0.262
社交与实践	3.277	0.021
网络行为	6.101	0.000

表 4-22　均值标准差分析

内容名称	编号	N	均值	标准差
学习行为与兴趣	2	27	3.5309	0.83338
	3	424	4.0542	0.72368
	4	173	3.9364	0.78285
	5	36	4.1574	0.67371
社交与实践	2	27	3.7500	0.69338
	3	424	3.9758	0.59114
	4	173	3.8468	0.58040
	5	36	4.0486	0.56638
网络行为	2	27	3.0247	0.59862
	3	424	3.4906	0.75597
	4	173	3.3025	0.72091
	5	36	3.6019	0.61111

（注：2 代表“所在地为北京的 QS 世界大学排名第 61~80 名高校”代表；3 代表所在地为北京的 QS 世界大学排名第 41~60 名高校”代表；4 代表所在地为北京的 QS 世界大学排名第 21~40 名高校”代表；5 代表“所在地为北京的 QS 世界大学排名第 1~20 名高校”代表。）

通过表 4–21 数据结果可以了解到，在就读学校方面，首都高校"00 后"大学生思想行为中只有"学习行为与兴趣""社交与实践"及"网络行为"三个方面存在显著性差异（P<0.05）。通过表 4–22 均值数据可以了解到，就读于"所在地为北京的 QS 世界大学排名第 1~20 名高校"代表的学生在"学习行为与兴趣""社交与实践"及"网络行为"三个方面水平最高，就读于"所在地为北京的 QS 世界大学排名第 61~80 名高校"代表的学生在"学习行为与兴趣""社交与实践"及"网络行为"三个方面水平最低，就读于"所在地为北京的 QS 世界大学排名第 41~60 名高校代表的学生在"学习行为与兴趣""社交与实践"及"网络行为"三个方面水平高于就读于"所在地为北京的 QS 世界大学排名第 21~40 名高校"代表的学生。

（8）父母教育方式差异

表 4–23 父母教育方式差异分析

内容名称	F	P
爱国行为与政治信念	4.823	0.002
学习行为与兴趣	10.343	0.000
恋爱与消费	3.635	0.013
诚信与友善	5.627	0.001
社交与实践	7.112	0.000
网络行为	11.815	0.000

表 4–24 均值标准差分析

内容名称	教育方式	N	均值	标准差
爱国行为与政治信念	民主型	526	4.2722	0.63413
	放纵型	62	4.0726	0.76383
	溺爱型	6	3.5278	1.25351
	专制型	62	4.1075	0.72498

续表

内容名称	教育方式	N	均值	标准差
学习行为与兴趣	民主型	526	4.0748	0.70396
	放纵型	62	3.9247	0.76446
	溺爱型	6	3.1667	1.14988
	专制型	62	3.6129	0.89156
恋爱与消费	民主型	526	4.2243	0.64040
	放纵型	62	4.1237	0.72487
	溺爱型	6	3.8889	1.45551
	专制型	62	3.9516	0.78892
诚信与友善	民主型	526	4.6952	0.43720
	放纵型	62	4.5914	0.47302
	溺爱型	6	4.0556	1.55516
	专制型	62	4.5484	0.62753
社交与实践	民主型	526	3.9857	0.57407
	放纵型	62	3.8145	0.60384
	溺爱型	6	3.4167	0.78528
	专制型	62	3.6976	0.65932
网络行为	民主型	526	3.4975	0.70605
	放纵型	62	3.3656	0.79091
	溺爱型	6	2.5556	1.10889
	专制型	62	3.0000	0.78927

通过表 4-23 数据结果可以了解到，在父母教育方式方面，首都高校“00后”大学生思想行为的“爱国行为与政治信念”“学习行为与兴趣”“恋爱与消费”“诚信与友善”“社交与实践”“网络行为”六个方面都存在显著性差异（$P<0.05$）。通过表 4-24 均值数据可以了解到，首都高校“00后”大学生思

想行为在六个方面，民主型教育方式下的学生思想行为水平最高，溺爱型教育方式下的学生思想行为水平最低，放纵型教育方式下的学生思想行为水平高于专制型教育方式下的学生思想行为水平。

（9）亲子关系差异

表 4-25 亲子关系差异分析

内容名称	F	P
爱国行为与政治信念	4.823	0.002
学习行为与兴趣	10.343	0.000
恋爱与消费	3.635	0.013
诚信与友善	5.627	0.001
社交与实践	7.112	0.000
网络行为	11.815	0.000

表 4-26 均值标准差分析

内容名称	亲子关系	N	均值	标准差
爱国行为与政治信念	不好	9	3.6481	1.20024
	一般	100	4.0067	0.67333
	比较好	267	4.1673	0.64929
	非常好	279	4.3889	0.62313
学习行为与兴趣	不好	9	3.0741	1.44124
	一般	100	3.6867	0.76954
	比较好	267	3.9201	0.69749
	非常好	279	4.2389	0.67815
恋爱与消费	不好	9	3.5926	1.25585
	一般	100	4.0867	0.63850
	比较好	267	4.1548	0.65159
	非常好	279	4.2724	0.67904

续表

内容名称	亲子关系	N	均值	标准差
诚信与友善	不好	9	4.2963	1.30644
	一般	100	4.5667	0.46300
	比较好	267	4.6030	0.51024
	非常好	279	4.7718	0.39493
社交与实践	不好	9	3.0278	1.21478
	一般	100	3.7425	0.54176
	比较好	267	3.8361	0.57114
	非常好	279	4.1326	0.53634
网络行为	不好	9	3.0000	1.23603
	一般	100	3.2133	0.65908
	比较好	267	3.3396	0.72054
	非常好	279	3.6093	0.73774

通过表 4–25 数据结果可以了解到，在亲子关系方面，首都高校“00 后”大学生思想行为的“爱国行为与政治信念”“学习行为与兴趣”“恋爱与消费”“诚信与友善”“社交与实践”“网络行为”六个方面都存在显著性差异（$P<0.05$）。通过表 4–26 均值数据可以了解到，首都高校“00 后”大学生思想行为在这六个方面，亲子关系越好，学生的思想行为水平越高。

（五）首都高校“00 后”大学生思想行为特征及影响因素总结

从个人内部的心理维度来看，问卷数据反映出“00 后”大学生的思想行为整体较好，呈现出培养“德智体美劳全面发展的社会主义建设者和接班人”所应具备的思想特征。比如，大部分“00 后”大学生能做到“诚信与友善”、拥有“爱国行为与政治信念”、努力学习、报效祖国、奉献社会、帮助他人。但是从统计数据结果来看，首都高校“00 后”大学生在“网络行为”“社交与实践”方面得分较低，这也展现出当代大学生网络现实不一致的思想特征，以及以自我为中心、消费主义倾向、网络行为娱乐化、网络素养薄弱化等特征。

从所在家庭环境的维度来看，当“00后”大学生生活于城市且为独生子女，拥有较好的亲子关系并接受民主型教育方式时，其思想行为更加积极向上，各方面均提升较快。当父母学历更高或是家庭人均年收入更高时，“00后”大学生会展现出更好的“学习行为与兴趣”“社交与实践”“诚信与友善”。对于“诚信与友善”这一要素而言，女性更加优于男性，同时东部地区好于中部地区及西部地区。（此结论仅限于局部调查人群内的数据结果而谈，不作为对地域性、性别等规律性的结论。）

（六）基于问卷研究的对策和建议

思想行为教育具有鲜明的实践性、导向性等特点，这要求我们在教育理念与方法上必须与时俱进、不断创新。“00后”大学生与其他年代大学生相比，既有相同点，又有突出的群体个性与鲜明的特征。对生活在社会转型时期与信息网络高速发展社会里的“00后”大学生进行思想行为教育，应根据这一群体的思想特征与行为方式采取有针对性的措施，坚持以人为本，贴近实际、贴近生活、贴近学生，努力体现时代性与实效性。结合上述情况分析，需要从实践工作出发，从社会、学校、父母、个人四个层面提出引导“00后”大学生思想行为教育的对策思考。

第五章

“00 后”大学生思想行为的影响因素研究

一、教育生态视角的大学生思想行为要素

（一）教育生态系统的内涵与结构

面对“00 后”大学生思想行为要素研究中面临的新要求与新问题，教育生态学个体联系整体、整体影响个体的思想及其倡导的研究方法为我们在跨学科领域进行教育生态视角的分析提供了新的方法。分析各思想行为要素的内在特点、功能特征、要素与要素之间的相互关系状况以及单个要素与要素整体之间的关系，为“00 后”大学生思想行为要素研究提供了新视角与新语境[①]。把“00 后”大学生的思想行为用教育生态学理论的视野加以审视可以发现，它与所处的生态环境存在着物质循环、能量流动与信息流通，整体环境影响并作用于“00 后”大学生，赋予其不同表象的思想行为特征，形成一个有机的生态整体。因此，从这一角度出发，我们可以借鉴教育生态学理论，以教育生态视角运用生态学方法研究“00 后”大学生的思想行为影响要素[②]。

据此，本书将影响大学生思想行为的教育生态系统定义为：从外部环境

① 李方裕 . 大学生思想状况“三维”分析模式构建研究［J］. 贵州师范大学学报（社会科学版），2008（06）：86-90.

② 刘学谦 . 思想工作方法科学谈［M］. 北京：中国大地出版社，1988.

与内部环境两个方面着手，分为时间上的分布、质与量上的分布、层次的排列以及功能表现等层面，以“00后”大学生为研究对象，在教育支撑环境等因素的协同作用下通过信息交流共享形成的动态循环有机体。在这个系统中，思想行为要素是中心，影响大学生思想行为的各元素是系统的生态因子。

教育生态系统的结构主要包括教育的外部环境与教育的内部环境。教育的外部环境主要是指，以教育为中心，对研究主体有显著作用的各个外部教育生态系统。其主要可以分为自然生态环境、社会生态环境、学校生态环境、家庭生态环境这四大方面，我们应探索这四个方面与“00后”大学生思想行为之间相互联系与作用的关系。教育的内部环境主要分为“00后”大学生的生理生态环境与心理生态环境。教育生态系统内各要素之间相互作用，形成动态的结构单元。大学生思想行为的构成要素具有生态属性，它既依赖于教育生态环境，又受教育生态系统中各生态因子形成的生态链的影响。内外两个层面中时间分布、质与量分布、功能表现等不同层次的生态因子相互协调与平衡形成了动态的闭环效应，作用于处在教育生态系统中的“00后”大学生，使其思想行为要素具有显著特点。

（二）教育生态系统的主体生态特征

不同学科的研究主体存在相应差异。教育生态学不同于生态学，它是一门交叉学科。教育生态学不仅仅将教育作为研究对象，也不单以生态环境作为其学科的研究目标，而是把教育和生态环境结合起来，将它们的相互关系和作用机理作为研究对象。研究主体存在于生态系统当中，作为生命系统的一部分与环境相互影响与制约。教育生态学将多重交叉及多维复合的生态系统作为其研究的任务，使研究具有复杂性与全面性[①]。

1. 教育生态系统的主体具有整体性

在教育生态系统的结构下，教育可以看作使人类社会发展的子系统，它与周围环境处于源源不断的相互交换之中。教育生态学强调教育与周围环境之间的相互依存和相互适应关系。整体环境是由各个要素组成的有机统一体，

① 陆庆壬 . 思想政治教育学原理［M］. 北京：高等教育出版社，1991.

其中任何一个部分都不能离开这个统一体独立生存与发展，各个部分之间是相互制约的关系。

2. 教育生态系统的主体具有互动性

教育生态系统的主体中包含两种关系的交互。一是主体之间的关系，即单个“00后”大学生之间的人际交互，以及“00后”大学生与人际关系网间的交互。这一交互关系是发生在个体之间、个体与群体之间以及群体之间的信息交流，具有灵活性和双向性。二是主体与生态环境的关系，也就是主体与生态环境，包括自然环境、社会环境、学校环境和家庭环境的交互关系。

3. 教育生态系统的主体具有层次性

根据生态学个体、种群和群落三个层次的划分，教育生态系统也是分层次的。思想行为表征是建立在个人发展基础上的，时间分布、质与量分布、功能表现等不同层次的生态因子对“00后”大学生思想行为的作用过程是相互联系、相互沟通的，是实现“00后”大学生个体和教育生态系统联系的关键环节和有效载体。

4. 教育生态系统的主体间具有动态平衡关系

教育生态是一个开放的大系统，物质与能量的输入、输出过程是经常发生的。正是教育生态系统的开放性，使得它与自然环境中的文化、社会环境中的政治与经济、学校环境中的教育模式及家庭环境的影响等，持续进行着物质、能量和信息的交换。在这过程中，教育生态系统不断协调发展，以保持动态平衡。教育生态系统内部各要素之间是在不断变化发展着的，它与外部各要素也处于不断运动、变化和发展之中。因此，需要用动态平衡的观点来看待教育生态内部及其与外部各要素之间的关系。教育生态系统主体各个组成部分有机地联系着，表现为对立与统一、平衡与不平衡的现实状态。教育生态系统主体也不是独立的，而是主体之间协调契合进而形成整体合力，共同影响“00后”大学生的思想行为。

5. 教育生态系统的主体具有发展性

教育生态系统主体的发展性体现于系统各层次内的交互、动态平衡与创造潜力，并反向影响教育生态系统中资源的储备量与丰富度、环境的可容纳度、创新水平等。教育生态系统的可持续性输入与输出体现了有效的组织性，从演化、组织到发展的整个流程中，形成有序的组织行为，对"00后"大学生的思想行为起到作用。作用效果反向影响各生态因子并不断进行检验与修正，从而对作用对象形成积极影响，保持教育生态系统整体可持续的发展性。

（三）大学生思想行为内外部教育生态分析

教育的生态环境是以教育为中心，对教育的产生、存在和发展起制约和调控作用的多元环境体系。

1. 内部教育生态

研究对象的生理和心理环境，是受教育者，也就是"00后"大学生的内在教育环境，即影响"00后"大学生思想行为的内部教育生态①。

（1）生理生态

生理生态可以理解为个人在逐步适应环境的过程中生理发展的情况。生理发育体现在个体的发育，总体表现为人类系统的发育与发展。人的生理状态是心理发展的基础部分，是个体能够顺应环境发展并在成长过程中接受教育的基本条件，更是人在成长过程中全方面发展的先决条件。威廉姆斯（1964）认为，体育是人类一切依其性质加以选择及依其结果予以推行的身体活动的总称。这意味着人在不同的生理发展阶段拥有不同的特点，需要开展不同的体育活动，也可以看出人的生理状况对正常活动与生活的重要影响。遗传因子与生理条件是人作为个体在社会中发展的必要前提，为个人的成长发展做铺垫。

"00后"大学生以一定的生理生态为依托表现出相应的思想行为。生理生态环境是培育"00后"大学生，正向引导其思想行为的重要前提条件。生理生态不仅会对"00后"大学生自身成长与身心发展程度造成影响，也会对其在作为个体融入社会的过程中产生不可小觑的影响。从教育生态视角来看，"00后"大学生在社会化的过程中，通过外部环境的影响与培养及不断内化的自我塑造的双重作用，树立积极进取的人生观与价值观，成为一名拥有良好政治素养与道德品质的新时代优秀大学生。

① 彭华民. 人类行为与社会环境［M］. 北京：高等教育出版社，2016.

（2）心理生态

心理生态与生理生态密不可分、相辅相成。心理生态建立在个体生理生态发展的基础上，同时反映了外部环境对个体的作用效果。相比生理生态，心理生态与教育生态系统的联系更加紧密。“00 后”大学生的心理素质是教育生态中至关重要的一个内部环境条件。布朗芬布伦纳（1979）在《人类发展生态学》一书中提出了生态学理论，他指出，环境会显著影响个体的行为与心理发展，社会、学校及家庭是人类社会发展过程中必不可少又十分重要的环境影响因素①。这些环境因素在“00 后”大学生身心发展过程中相互作用与影响，进而对“00 后”大学生社会化产生重要意义。心理生态是自然环境、社会环境、学校环境与家庭环境共同相互作用下的结果，会通过个体的思想行为活动体现出来。心理生态涵盖了人的道德素养、价值观、智商情商以及人的性格与能力等，这其中每一项因素对个体的心理生态都具有重要意义。心理生态反映了“00 后”大学生的内在特质，是教育生态系统中对个体影响较大的生态因子。

“00 后”大学生在道德素养、智商、情商以及人的性格与能力等方面的表现，无不展现了他们的心理生态状况。“00 后”大学生的心理生态将直接影响他们的人生观、价值观与世界观。心理生态是衡量“00 后”大学生身心状况的标准之一，了解他们的心理状态，对于从教育生态视角审视“00 后”大学生的思想行为具有重要意义。

2. 外部教育生态

教育生态系统的外部教育生态主要指自然生态环境、社会生态环境、学校生态环境以及家庭生态环境。作为教育生态中的生态因子，它们所展示出的生态现状，在一定程度上对“00 后”大学生的思想行为具有一定的影响。了解教育生态系统的外部教育生态现状，有利于把握影响“00 后”大学生思想行为的生态因素，从而更好地培养“00 后”大学生的时代精神。

（1）社会生态

美国学者布朗芬布伦纳（1979）最早提出了社会生态系统理论，他认为，

① Bronfenbrenner U.The Ecology of Human Development［J］.Harvard university P，1979.

个体发展离不开社会、学校、家庭之间的相互作用①。社会生态理论从不同角度、不同层次出发，研究人的成长发展与社会发展的关联度，关注个体与环境发展之间的交互作用与联系，着重强调了个体发展的系统性与多元性。新时代的新发展面临着新挑战，“00后”大学生的社会意识也逐渐趋于多元。他们是一个善于接受新鲜事物的群体，在多元文化的冲击下，弘扬中国传统文化，培养其以社会主义为核心的主流文化与以爱国主义为核心的民族精神尤为重要。

（2）学校生态

学校生态系统是一个内容丰富的生态系统，课堂生态群体（教师和学生）、课堂教学运行各要素（教学内容、教学方法、课堂教学制度等），以及课堂生态环境（班级规模、教学设施、课堂座位等）之间存在着物质循环、能量流动与信息流通，是一个有机的生态整体。学校生态主要关注组成学校生态系统的各个部分与其相互的联系与作用，以及学校生态与外部环境之间的联系，主要涵盖学校内的自然环境、人文环境与硬件设施等。这些不同的子系统内还包含了许多细化的生态因子，它们共同组成了学校生态系统。学校的自然环境主要包括校园的地理位置、占地面积与绿化面积等自然层面的要素，人文环境主要包括校园文化与学校精神等组成的内部人文环境，以及政府与教育资源、学校周边社区环境等组成的外部人文环境。学校生态系统中的生态因子，对于“00后”大学生在校园的学习生活有着潜移默化的重要影响，学校生态环境的好与坏决定了学生成长发展过程中能否受到正向引导。学校是人才培养的主要阵地，其文化、学术氛围对大学生人生观、价值观、世界观的塑造有着重要影响。优质的学校生态环境对“00后”大学生成长成才具有一定的助推作用，能够发挥高校人才培养的引导作用，传播新时代的主流文化，充分激发“00后”大学生的积极性与踊跃度，培养“00后”大学生的创新思维，树立“00后”大学生的创新意识，提升“00后”大学生的创新实践，使“00后”大学生在学校生态中更大程度地发挥自己的潜能。

① Bronfenbrenner U.The Ecology of Human Development［J］.Harvard university P，1979.

（3）家庭生态

家庭是人生的第一个课堂，对“00后”大学生的成长有重要的影响，“00后”大学生所表现出的思想状态与行为特征都与家庭环境密不可分。将家庭看作一个生态系统，家庭、家教和家风等子系统以及家庭教育方式、兴趣爱好、家庭氛围等生态因子及其相互关系，都会对包括“00后”大学生在内的家庭成员产生影响。

习近平总书记在《习近平谈治国理政》第二卷中指出：“无论时代如何变化，无论经济社会如何发展，对一个社会来说，家庭的生活依托都不可替代，家庭的社会功能都不可替代，家庭的文明作用都不可替代。”① 由此可见，良好的家庭生态对培养“00后”大学生健全的人格十分重要。“家庭是人生的第一个课堂，父母是孩子的第一任老师”，家庭不仅是人生的起点，也是“梦想启航的地方”。习近平总书记还特别强调：“我们都要重视家庭建设，注重家庭、注重家教、注重家风。”健康的家庭生态环境会帮助孩子扣好人生的第一粒扣子，迈好人生的第一个台阶，从而提升“00后”大学生的精神境界与文明风尚，使其能够“自觉承担家庭责任、树立良好家风”，在为社会做出有益贡献等方面打下良好的思想基础、品德基础和人格基础。

二、大学生思想行为影响因素的实证研究

（一）研究背景

根据以往的研究，大学生的思想行为是受多重因素的影响而共同形成的。社会存在决定社会意识，不同的成长环境使得不同时代的大学生呈现出思想观念上的代际差异。这种差异既可能是根本内容上的区别，也可能只是外在形式上的分别。当代大学生所处的时代比较特殊，身心特点和未定性特征都十分多元，他们在行为倾向上呈现出自主性与碎片化交错、个性与宽容统一、“虚”与“宅”交织、理智与冲动相伴、务实与奉献兼有、文明与偏激并存的

① 习近平．习近平谈治国理政：第二卷［M］．北京：外文出版社，2014.

特点，这也引发社会的研究与思考。

从高校来说，精准把脉青年大学生的思想动态与行为倾向，精确找准影响因素改进高校思想政治工作，培养优秀的社会主义建设者和接班人，是常做常新的重大课题。本书也从此角度出发，通过理论分析和大数据文本分析对影响大学生思想行为的各个要素进行探究和分析，进而对影响因素、重要性做出判断。

（二）研究工具

随着大数据时代的到来，大数据技术能够充分发挥其优势，有效解决和克服传统研究方法在实操性上的现实问题[①]。从目前的研究来看，已经有很多学者对大学生思想行为有了较成熟和深入的研究，本书充分考虑到这一研究条件，采用大数据结合文本分析的方法对现有 4000 余篇著名学者的文章进行了文本分析，更综合分析了哪些影响因素是值得研究的。

在完成文本分析后，对这些大学生思想行为影响要素进行详细定义和描述，我们设计出《影响大学生思想行为构成要素的重要性调查问卷》。该调查问卷要求在校学生、高校教师以及教育专家根据自己的经验与观点，对大学生思想行为影响因素的重要性进行判断。重要性分为五个等级，分别是"1= 非常不重要""2= 不重要""3= 不确定""4= 重要""5= 非常重要"。

（三）统计方法

①计算每个指标重要性的平均数，选出重要及以上程度的指标作为构成大学生思想行为影响因素问卷的维度，使用 SPSS11.0 统计软件统计分析。

②采用探索性因素分析方法探索构成大学生思想行为影响的要素，使用 SPSS11.0 统计软件统计分析。

③采用层次分析法，计算传记式问卷各维度的权重，使用 SPSS11.0 统计软件统计分析。

---

① 张治，戚业国 . 基于大数据的多源多维综合素质评价模型的构建［J］. 中国电化教育，2017（09）：69-77+97.

（四）结果与分析

（1）被试

本次调查向高校的在读大学生以及教育工作者发放调查问卷，共收回有效问卷 316 份，样本构成情况见表 5–1。

表 5–1　样本构成情况

项目名称	性别		学历		
项目分类	男	女	本科	研究生	博士及以上
人数	102	214	274	13	7

（2）结果分析

从表 5–2 可以看出，平均数低于 3 的影响因素共有 1 个，该因素是同校学生（指除本班之外的其他学生）的思想行为特点。这表明该因素重要程度较低，可以进行人工的初步剔除。

表 5–2　描述分析结果

序号	胜任特征名称	定义	重要性平均数
1	生理要素	个人的性别、身高、外貌、健康	3.51
2	心理要素	个人的性格、气质，此气质指人所具有的典型的、稳定的心理特征	4.18
3	个人的生活经历	个人在成长过程中经历的重大事件、转折	3.85
4	所在家庭的家庭结构	个人所在家庭是否单亲家庭，是否独生子女家庭	3.53
5	所在家庭的教育方式	个人所在的家庭的教育方式是否为严厉式，是否是放养式	3.86
6	所在家庭的其他家庭成员的思想行为特点	个人所在的家庭中成员的年龄、性格、工作、思考方式等	3.80
7	学校环境	个人所在学校的教学资源、教育模式、教学氛围	3.57

续表

序号	胜任特征名称	定义	重要性平均数
8	教师的教育方式	个人所在班级的教师的教育方式是否为严厉式，是否为放养式	3.52
9	教师的思想行为特点	个人所在班级的教师的年龄、性格、工作、思维方式等	3.41
10	同班学生的思想行为特点	个人所在班级中其他学生的各项思想行为特征	3.29
11	同校学生（指除本班之外的其他学生）的思想行为特点	个人所在学校内，较大范围的其他学生的思想行为特征	2.94
12	朋友的思想行为特点	与个人相处较为亲密的同龄人的思想行为特征	3.79
13	所处地区的风俗文化	个人成长所在地区发达或是落后，封闭或是开放	3.50
14	所处的时代特征	个人所处的时代背景使人形成不同的思想行为特征	3.78
15	宗教信仰	个人所信奉的宗教信仰对其形成不同的思想行为特征	3.23
16	社会的主流价值观	个人所在的社会推崇的主流价值观使其形成不同的思想行为特征	3.68
17	通过互联网掌握的信息	个人通过网络获得的信息使其形成不同的思想行为特征	3.65
18	社会上名人的思想行为特征	社会中有影响力的人的思想行为特征使其形成不同的思想行为特征	3.12

（3）影响因素的结构探索

对剩余较为重要的 17 个因素进行因子分析之前，需要进行 KMO 和 Barrlett 球形度检验，结果见表 5-3。

表 5-3 KMO 和 Bartlett 球形度检验

Kaiser-Meyer-Olkin 度量 .		0.930
Bartlett 球形度检验	近似卡方	3563.081
	df	136
	Sig.	0.000

通过表 5-3 可以得知，KMO 的值为 0.93。而 KMO 的值越接近 1，说明越适宜做因子分析。Barrlett 球形度检验的卡方值为 3563.081，且通过了检验（P=0.000<0.05）。通过这两个检验结果可以看出，本数据集很适宜做因子分析。

本研究的因子分析采用主成分分析法提取特征值大于 1 的因子，旋转方法采用 varimax 正交旋转。第一次因子分析删除了社会上名人的思想行为特征和通过互联网掌握的信息。第二次因子分析又删除了所在家庭的家庭结构和所在家庭的其他家庭成员的思想行为特点。第三次因子分析的结果生成了 3 个特征根大于 1 的因子，结构清晰、比较合理。具体结果见表 5-4。

表 5-4 因子分析结果 1

因子	特征根	变异百分比 / %	变异累积百分比 / %
1	8.738	51.398	51.398
2	1.467	8.628	60.026
3	1.076	6.327	66.352

表 5-4 提供了各因素的特征根和变异百分比，数据表明，3 个因子的累积变异解释率是 66.352%。

表 5-5 因子分析结果 2

特征名称	因子 1	因子 2	因子 3
教师的思想行为特点	.836		
同班学生的思想行为特点	.780		

续表

特征名称	因子 1	因子 2	因子 3
教师的教育方式	.766		
学校环境	.752		
朋友的思想行为特点	.672		
心理要素		.801	
个人的生活经历		.726	
生理要素		.673	
所在家庭的教育方式		.615	
宗教信仰			.760
所处的时代特征			.665
社会的主流价值观			.625
所处地区的风俗文化			.616

根据表 5-5 因子分析的结果，对各因子进行命名。因子 1 为个人所在生态系统的中观系统，因子 2 为个人内部的微观系统，因子 3 为个人所在生态系统的宏观系统。各因子与各特征的对应关系见表 5-6。

表 5-6　各因子与各特征的对应关系表

因子	因子名称	包括的特征
1	个人所在生态系统的中观系统	教师的思想行为特点、同班学生的思想行为特点、教师的教育方式、学校环境、朋友的思想行为特点
2	个人内部的微观系统	心理要素、个人的生活经历、生理要素、所在家庭的教育方式
3	个人所在生态系统的宏观系统	宗教信仰、所处的时代特征、社会的主流价值观、所处地区的风俗文化

（4）各因素与维度权重的确定

本次调查通过层次分析法计算各因素和各维度权重的步骤如下。

① 根据上文每个特征的问卷结果和因子分析结果，计算各因素和各维度的重要性得分。结果见表5–7、表5–8。

表5–7 各因素的重要性得分

因子	因子名称	重要性得分
1	个人所在生态系统的中观系统	3.52
2	个人内部的微观系统	3.85
3	个人所在生态系统的宏观系统	3.55

表5–8 各维度的重要性得分

维度	维度名称	重要性得分
1	教师的思想行为特点	3.41
2	同班学生的思想行为特点	3.29
3	教师的教育方式	3.52
4	学校环境	3.57
5	朋友的思想行为特点	3.79
6	心理要素	4.18
7	个人的生活经历	3.85
8	生理要素	3.51
9	所在家庭的教育方式	3.86
10	宗教信仰	3.23
11	所处的时代特征	3.78
12	社会的主流价值观	3.68
13	所处地区的风俗文化	3.50

② 转换得分并构建两两比较判断矩阵。Saaty（层次分析法）的"1—9 的数学标度"见表 5-9。

表 5-9　Saaty 的"1—9 的数字标度"

标度	含义
1	表示两个因素相比，具有同等重要性
3	表示两个因素相比，一个因素比另一个因素稍微重要
5	表示两个因素相比，一个因素比另一个因素明显重要
7	表示两个因素相比，一个因素比另一个因素特别重要
9	表示两个因素相比，一个因素比另一个因素极端重要
2、4、6、8	上述相邻判断的中间值
倒数	因为 i 和 j 比较得到判断 bij，则因素 j 与 i 比较得到判断 bji=1/bij

由于各维度的重要性得分的最大值为 4.18，最小值为 3.23，之间相差 0.95，将这个差值分为 8 个区间，分别与 Saaty 的"1—9 的数字标度"相对应，结果见表 5-10。

表 5-10　对应关系表

重要性差值	Saaty 的 1—9 标度值	重要性差值	Saaty 的 1—9 标度值
0	1	0.475—0.59375	6
0—0.11875	2	0.59375—0.7125	7
0.11875—0.2375	3	0.7125—0.83125	8
0.2375—0.35625	4	0.83125—0.95	9
0.35625—0.475	5		

根据表 5-10 的对应关系，对因子或维度的重要性值进行两两比较。比较结果以 Saaty 的 1—9 标度法来表示，形成判断矩阵。构建的判断矩阵见表 5-11—表 5-14。

表 5-11 各因子的重要性比较判断矩阵

因子名称	因子 1	因子 2	因子 3
因子 1	1	1/4	1/2
因子 2	4	1	3
因子 3	2	1/3	1

表 5-12 因子 1（个人所在生态系统的中观系统）的各维度重要性比较判断矩阵

维度名称	教师的思想行为特点	同班学生的思想行为特点	教师的教育方式	学校环境	朋友的思想行为特点
教师的思想行为特点	1	3	1/2	1/3	1/5
同班学生的思想行为特点	1/3	1	1/3	1/4	1/6
教师的教育方式	2	3	1	1/2	1/4
学校环境	3	4	2	1	1/3
朋友的思想行为特点	5	6	4	3	1

表 5-13 因子 2（个人内部的微观系统）的各维度重要性比较判断矩阵

维度名称	心理要素	个人的生活经历	生理要素	所在家庭的教育方式
心理要素	1	4	7	4
个人的生活经历	1/4	1	4	1/2
生理要素	1/7	1/4	1	1/4
所在家庭的教育方式	1/4	2	4	1

表 5-14 因子 3（个人所在生态系统中的宏观系统）的各维度重要性比较判断矩阵

维度名称	宗教信仰	所处的时代特征	社会的主流价值观	所处地区的风俗文化
宗教信仰	1	1/6	1/5	1/4
所处的时代特征	6	1	2	4
社会的主流价值观	5	1/2	1	3
所处地区的风俗文化	4	1/4	1/3	1

③ 计算各因素和各维度的权重，结果见表 5-15。

表 5-15　各维度的权重

维度	维度名称	权重
1	教师的思想行为特点	0.094
2	同班学生的思想行为特点	0.051
3	教师的教育方式	0.141
4	学校环境	0.227
5	朋友的思想行为特点	0.486
6	心理要素	0.582
7	个人的生活经历	0.150
8	生理要素	0.055
9	所在家庭的教育方式	0.213
10	宗教信仰	0.056
11	所处的时代特征	0.492
12	社会的主流价值观	0.309
13	所处地区的风俗文化	0.142

④ 各因子和各维度判断矩阵的一致性检验结果见表 5-16、表 5-17。

表 5-16　各因子的一致性检验结果

判断矩阵	CI	CR
因子 1	0.040	0.036
因子 2	0.049	0.054
因子 3	0.045	0.050

表 5-17　各阶判断矩阵 Rt 值对照表

阶数 n	1	2	3	4	5	6
RI	0.00	0.00	0.58	0.90	1.12	1.24

⑤ 各维度的合成权重和一致性验证，合成权重结果见表 5-18。

表 5-18 各维度的合成权重

	因子	权重	维度名称	权重	合成权重
指标体系	个人所在生态系统的中观系统	0.136	教师的思想行为特点	0.094	0.013
			同班学生的思想行为特点	0.051	0.007
			教师的教育方式	0.141	0.019
			学校环境	0.227	0.031
			朋友的思想行为特点	0.486	0.066
	个人内部的微观系统	0.625	心理要素	0.582	0.364
			个人的生活经历	0.150	0.094
			生理要素	0.055	0.034
			所在家庭的教育方式	0.213	0.133
	个人所在生态系统的宏观系统	0.238	宗教信仰	0.056	0.013
			所处的时代特征	0.492	0.117
			社会的主流价值观	0.309	0.074
			所处地区的风俗文化	0.142	0.034

层次总排序的 CR=0.0539<0.1，说明通过了一致性检验，该体系可用。

通过以上步骤，计算各因素与各因素所属的各维度的权重值，得出其具有较好的一致性。所以，以上各因素所属的各维度的单排序的权重值和各维度的总排序值都是可以作为权重的。

（五）“00 后”大学生思想行为影响因素分类

通过上述层次分析法、因子分析法等计量方法，可以确定 13 项主要的影响大学生思想行为的因素。结合教育生态系统的内外部教育生态，对“00 后”大学生思想行为的影响因素进行分类，可以将其分为社会类、学校类、家庭类，具体分类结果见表 5-19。

表 5-19 "00 后"大学生思想行为的影响因素分类

影响因素分类	相关维度
社会类	宗教信仰、所处的时代特征、社会的主流价值观、所处地区的风俗文化
学校类	教师的思想行为特点、同班同学的思想行为特点、教师的教育方式、学校环境、朋友的思想行为特点
家庭类	个人的心理要素、个人的生活经历、个人的生理要素、个人所在家庭的教育方式

（六）讨论与结论

本部分研究主要通过利用查阅搜集文献和检索大数据进行文本分析、重要性评价、探究性因素分析等方法确定了 13 项影响大学生思想行为的因素（个人的心理要素、个人的生活经历、个人的生理要素、个人所在家庭的教育方式、教师的思想行为特点、同班同学的思想行为特点、教师的教育方式、学校环境、朋友的思想行为特点、宗教信仰、所处的时代特征、社会的主流价值观、所处地区的风俗文化）。这 13 项特征分别属于 3 个因子（个人内部的微观系统、个人所在的生态系统的中观系统、个人所在生态系统的宏观系统），运用层次分析法可以计算出 13 个维度和 3 个因子的权重。根据权重大小分析发现，个人内部的微观系统对大学生思想行为影响最大，其次是个人所在生态系统的宏观系统，影响最小的是个人所在生态系统的中观系统。根据这些维度、因素和权重，本书将这 13 个维度分类，确定了三大类"00 后"大学生思想行为影响因素，即社会类、学校类及家庭类。

在这个研究中，我们运用层次分析法计算出了各个因子和维度的权重。三个因子权重的相对大小与探究性因素分析中各个因素变异所占比例的相对大小一致，互相得到了验证。层次分析法相对于其他确定权重的方法适用范围更广，可信度也更高。

第六章

“00后”大学生思想行为的教育引导策略体系研究

上一章节我们探究了影响“00后”大学生思想行为特征的因素以及在新时代环境下正确引导“00后”思想和行为的方法，确定了“00后”大学生教育引导策略体系包含的三个要素，即家庭教育体系、学校教育体系、社会教育体系。在协同教育理论视角下，家长、教师或社会教育组织者不再是独立的，而是相互影响与相互作用的。同时，协同教育理论可以指导我们实现教育内容甄选、教育人员配备、教育机构优化等方面的协同配合，实现全员、全过程、全方位的三全育人。

对于“00后”大学生教育引导这一复杂的活动过程，我们可以借鉴系统思想的认识论和方法论原理，从系统的视角分析其内部构成及存在的问题，开拓工作思路、创新工作方法，对教育引导体系进行有益探索。针对“00后”大学生思想行为的教育引导策略体系研究，是解决高校“培养什么人”“如何培养人”这一根本问题的客观要求。“00后”已经成为大学生主体，其思想品德的形成和发展影响着个体的成长，关系着国家的未来。在协同教育理论指导下，结合当前学生工作的特点，从“党团班一体化”“线下服务一体化”“线上数据一体化”三位一体来构建教育引导策略体系，可以为学生成长保驾护航。

一、党团班一体化

（一）党团班"三位一体"协同工作机制的建设

党支部、团支部和班集体均直接面向学生群体展开工作，想要实现三者一体化需要建立完整的协同机制，这样才能在信息传播和价值取向多元化的背景下，为高校大学生思政工作以及大学生管理工作奠定基础。党支部是高校党组织的基层战斗堡垒，共青团是广大青年学生的政治组织之一，班集体是青年学生之间情感交流与学习生活的最基本单元。以党建带团建，以团建促党建是高校引领与服务广大青年学生的工作方式，是实现党团班协同负责校内班级学风建设、文化建设、学生思想政治教育以及行政管理的关键。鉴于此，高校要为党团班一体化建立协同工作机制，以问题为导向，创建新型工作模式，提升党团班三个组织的凝聚力和战斗力，优化学生管理工作和提升学生思想政治教育质量。①

高校党团班一体化协同工作机制，要贯彻落实以人为本的理念，树立责任意识、协作意识、大局意识，明确党团班组织权责范围，创新党团班工作模式，为强化协同作用提供依据。所以，新形势下，党团班一体化协同工作机制的建设，一是要以协同为核心，促进党支部、团支部、班委会之间的交流，形成工作合力；二是要依据资源整合、优势互补原则，加强三个组织在思想引领和行政管理上的融合，扎根于学生今后发展，推动学生管理工作创新与思政教育优化，进而创建党团班一体化的协同形成机制、协同实现机制、协同约束机制。

1. 党团班协同形成机制

按照我国教育部对高校人才培育要求，高校要不断地加强基层组织建设，按照立德树人要求，将思想政治教育贯穿于整个教育体系。党支部、团

① 徐阳.高校学生党支部（党小组）、班委会、团支部三位一体的班级建设模式研究［D］.武汉：武汉理工大学，2009.

支部和班集体作为青年组织的基本单位，是引导与服务青年学生的关键，三者协同形成，才能保证党和国家的路线、方针、政策和学校的相关政策在学生的基层组织中贯彻落实，才能提升党支部、团支部活力，促进班级文化发展。①

协同形成机制，是党团班为实现共同目标、达成协同共识而建立的协同关系。党团班应在充分发挥各自作用和优势的基础上加强彼此之间的交流合作，严格规定各自的工作职能，在总体目标中坚持党团班建设同步抓、党团班任务同步下、党团班阵地同步建、党团班教育同步推、党团班工作同步查的工作机制。

（1）党团班建设同步抓

①明确学生党支部、团支部、班委会的组织职责。学生党支部作为高校党组织的基础细胞，是大学生党员发展、教育和管理的直接载体，担负着直接教育党员、管理党员、监督党员和组织群众、宣传群众、凝聚群众、服务群众的职责，是党的基层战斗堡垒；团支部的主要职责是随时掌握和了解学生的思想动态，给予广大团员与非团员以指导，组织团员开展各种文化活动，协助党支部培养和发展党员，充分发挥团员的模范先锋作用，指导和帮助班委会开展日常工作等；班委会是班级建设中各项具体事务的执行机构，主要负责班级管理的具体工作，制定班级规章制度，加强班风、学风和班级文化建设，反映学生的合理建议和正当要求，维护学生的权益，组织班级各项评议活动。

②建立健全学生党支部、团支部、班委会的组织结构、职责分工、工作流程和考核监督等制度，明确三者工作边界及覆盖对象。高校要以学院为单位，为学生党支部配备相应的指导教师，定期对党务工作进行指导和监督，保证各项工作顺利有序推进；学院团委应对接各团支部开展各项主题教育活动、团务统计及团支部考核等，党支部应对接各团支部开展积极分子培养等相关工作；要完善各级学生干部的选人、用人办法，充分调动学生参与学生

---

① 李育林．“三全育人”背景下大学生党班团协同工作机制研究［J］．锦州医科大学学报（社会科学版），2019，17（06）:100-103.

事务的主观能动性。

③培养高水平学生干部队伍，提升思政工作育人实效。应发挥学生党员先锋模范作用，扩大党在高校青年人群中的影响力和号召力，吸引更多优秀青年加入党组织；针对各级学生干部开展教育培训，突出党的理论教育和党性教育学习，通过推进党员先锋工程、“青马班”等教育工作，提高学生思想政治理论水平；建立各级学生干部考核评价体系，定期检查学生干部的工作情况，确保各项工作顺利执行。

（2）党团班任务同步下

①加强班风建设。班级成员对班级的责任感、归属感和使命感汇成班级凝聚力。班级的凝聚作用可有效保持班级的整体性、协调性，使班级成员具有自信心、安全感。

首先，应以学生干部和入党积极分子为主体，实现其对良好班风建设的自我主导作用，培养他们成为良好班风建设的带头人，用他们的示范和带动作用影响周围的学生。其次，应建立良好的学生群体规范，确保良好班风的形成，积极开展以思想政治教育为主题的活动，以校史校情教育为主题的活动的步伐，以歌颂“同学情、师生谊”为主题的活动，以促进学生成长成才为主题的活动等。良好的班风，得力于党团班协同一致，这为调动学生积极性、培养和提高学生创新能力、促进党团班良好的管理模式具有积极的作用。

②加强学风建设。党团班三位一体模式下的学风建设要贯彻和加强“以学生为本”的教育理念，切实本着“为学生服务”的原则，为学生的学习提供必要条件。要发扬党员干部、团员干部、班级干部的模范带头作用，在班级内制定促进学风的规章制度，有效杜绝迟到、旷课、学术抄袭、考试作弊等不良学风，树立全班同学共同进步的比、学、赶、帮、超的优良作风。应开设“新生工作坊”“专业认知教育”等活动课程，帮助大一学生快速适应大学生活；实施学生党员先锋工程，建设“服务型”党支部，实施学生党支部与学业困难学生“手拉手”帮扶制度；联合党支部、团支部，举办班级知识竞赛、朋辈共享学习经验等活动，促进班级同学在学习成绩上取得进步，向优秀同学看齐。

③加强文化建设。高校班级文化建设的基本任务就是要使中国特色社会

主义思想的主导文化通过多种渠道内化于大学生的心灵。这里的主导文化是指有利于推动社会生产力发展，与社会先进文化发展方向一致，代表最广大人民群众利益的规范文化。党团班三位一体的文化建设就是要使这些主导文化进入班级，被班级文化主体认同和内化，从而展现班级团结互助的氛围。要倡导和建立这样一种班级氛围，就要让每一位同学都能在展示自己个性与风采的同时，发扬互帮互助、团结友爱的精神，能在党支部、团支部、班委会的带领下分享彼此的喜悦，分担彼此的困惑，从而感受到家庭般温暖。

（3）党团班阵地同步建

党团班阵地同步建，是指建设学生党支部、团支部、班集体网络思想政治教育阵地，以学校、学部（院）为单位建立新媒体阵地集群，注重运用新媒体手段加强对学生的管理、引导、服务和宣传。网络思政教育能够及时把握学生的思想和心理动态，可以促进线下思想政治教育，加强网络内容建设，如通过新媒体发布先进人物的事例和充满正能量的视频弘扬文明与正义，定期筛选学生优秀投稿作品发布在网络平台上，引导学生积极发声、传播正能量等。网络思想教育阵地的建立，能够弥补传统思想政治教育工作的不足，搭建出一个高效率、有互动的教学平台，让思想政治教学内容符合新时代“00后”大学生的特点，呈现出更加多样化的教学手段，促进学生党支部、团支部、班集体利用新媒体平台深入学习实践思想政治理论，将“00后”大学生的日常生活、学习与思想政治教育工作紧密联系在一起，让思想政治教育更加“接地气”，深化高校思政教育工作的实效性。

（4）党团班教育同步推

高校学生干部是推动学校发展进步的生力军，是学校管理、服务工作的组织者、参与者。

①利用党校、团校、学生干部学校等形式开展思想教育和业务培训，使学生干部通过培训班等形式在集体生活中接受教育；利用假期举办短期培训，通过报告、座谈、调研等形式，为学生干部提供理论学习和经验交流的机会；党支部、团支部和班干部要定期集中学习党和国家有关政策性文件，提高思想理论水平，开展工作方法研究。此外，学校、学院各部门老师也要定期组织隶属的学生干部进行工作方法专题研究，从而熟悉了解学生工作难题，把

握学生工作新的特点，探索科学管理教育的规律，提高实际工作能力。

②鼓励支持学生干部参与社会实践活动，让其将学到的理论知识转化为实践动力，在实践中加强锻炼、提高自我。可以利用寒暑假，组织学生干部进行参观、调研、社会实践，增强学生干部的社会责任感和工作实践能力。同时，可以在社会实践活动、青年志愿者活动的基础上，寻找新的形式，如开展“红色 1+1”、社区志愿者、革命老区调研等活动，让学生干部将理论与实践相结合，在实践中出真知。

（5）党团班工作同步查

可以把党建、团建、班建的主要内容列入学生干部培养的目标考核，每年对党支部、团支部、班委会的各项工作进行督查考核，在督查中及时明确存在的问题及整改方向，之后逐一整改落实。党团班的干部队伍建设要严，政治上、思想上、能力上、担当上、作风上、自律上要强。党团班干部要强化修身立德，锤炼优良作风，养成良好品行习惯，勤于自查，能主动接受班级同学的监督，广泛听取意见，深入谈心交心，树立正确的学生干部权力观，慎微慎欲，在处理班级事务和评奖评优等工作中做到公平、公正、公开，绝不违规、逾矩。

2. 党团班协同实现机制

协同实现机制，是指“统一领导、共同配合、上下联动”的实现机制，如定期交流机制、重大活动共同策划机制、推优入党机制、优良学风班创建机制、困难学生帮扶机制、创新创业孵化机制等。

（1）定期交流机制

在日常管理和运行机制方面，要构建起稳定的党团班联席会议制度。党支部、团支部、班委会应每月定期召开联席工作会议，讨论班级思想政治教育、团日活动、学业科研、班级活动、宿舍文化建设等相关议题，确保党团班协同工作机制顺利运行。要探索将党支部的“三会一课”“两学一做”及共青团的“三会两制一课”制度等与班级具体事务有机结合起来，创新大学生思想政治教育与学业科研、社会实践的整体性协同发展模式，不断深化和拓展党团班协同工作的实际效果。要建立信息发布制度，完善突发事件报送机制，党员、团员要集中将思想政治教育与日常生活的参与式教育结合起来，着力构建全方位、多层次的日常思想政治教育机制。

（2）重大活动共同策划机制

党支部与团支部、班委会在协同开展活动时，工作内容一方面要契合“00后”大学生的成长需要，符合“00后”大学生的成长规律，以重大节庆日、重要活动、重要节点为契机，重视教育培训实践环节；另一方面也要符合各自组织的职能特点，最大限度地发挥出自己的优势。要推动学生党支部实施“服务先锋”培育计划，重点建设“服务型”党支部，提升学生党支部的自身水平和服务能力，重点实施学生党支部“红色1+1”共建活动，拓展学生党支部建设阵地，发挥党员模范作用，引导学生党员从奉献、学习、创新、实践、助人等方面树立典型；团支部可以联动党支部组织开展思想政治教育活动，在班级内开展素质拓展活动，将科技竞赛、创新创业的先进经验带入策划机制；班委会可针对加强班级集体建设，将“学业帮扶”“宿舍文化”等主题班会纳入协同内容，依托党支部、团支部开展相关班级活动。

（3）推优入党机制

①建立团员评价标准和程序。明确“推优入党”中“优”的标准，综合考量“推优入党”学生学业成绩，志愿活动、社会实践参与度，政治素养等维度，并对推优对象进行评议，为党组织输送符合条件的优秀团员。

②加强推优与育优的党团组织衔接。借助团校平台，邀请优秀党员干部为团员青年上党课，党组织也可以通过吸收优秀团员参加党的主题教育和政治学习等活动，对入党积极分子进行意识形态教育及党的基本理论知识培训，共同肩负起培养考察的重任，切实把青年学生的思想政治教育工作落到实处。

③创新“推优入党”工作形式。丰富多样的活动形式有助于调动团员青年参与“推优入党”工作的积极性，以重大节庆为契机，广泛开展“创先争优——青年在行动”“我与祖国共奋进”“学党史、知党情、跟党走”等主题教育实践活动，把“推优入党”的知识融入第二课堂和实践活动，利用大学生入学、入团、入党等时机，可以强化党团班的组织意识衔接，使广大青年不断向党组织靠拢。

（4）优良学风班创建机制

优良学风班的创建是加强学校学风建设的一项重要举措。党支部要发挥战斗堡垒作用和核心作用，认真贯彻落实学校布置的各项工作，积极开展形式多样的活动；团支部可以通过学生干部队伍建设、第二课堂学分化、先进班级评选、校园文化活动等，推动创建活动的开展；班级学生干部应以身作则，充分发挥示范作用来引领、鞭策、激励大家树立优良学风。① 要在党团班协同联动下，形成一个团结互助、积极进取、弘扬正气、讲究诚信的优良学风班。

（5）困难学生帮扶机制

把“扶困”与“扶智”以及“扶困”与“扶志”结合起来，建立国家资助、学校奖助、社会捐助、学生自助“四位一体”的发展型资助体系，构建物质帮助、道德浸润、能力拓展、精神激励有效融合的资助育人长效机制。② 重点强调“扶困”和“育人”全面结合，发挥党团班的协同作用，形成“解困—育人—成才—回馈”的良性循环，着力培养受助学生自立自强、诚实守信、知恩感恩、勇于担当的良好品质。

（6）创新创业孵化机制

学生党员是各班级的优秀学生精英，具有较强的影响力和号召力，能在创新创业教育中发挥模范带头作用。要在潜移默化中实现“一个党员带动一片”的功效，扩大孵化创新创业教育成果，从而推进广大学生的创新意识培养与创业能力的提高，孵化扩大创新创业成果。

3. 党团班协同约束机制

协同约束机制主要是确保协同能够持续运行，当协同遇到问题不能正常运行的时候，约束机制便启动。党支部、团支部、班委会应按照约束机制要求查找问题、解决问题，并将协同工作情况纳入各自工作的考核内容。

党团班协同工作机制的目标是一致的，都是为了更好地服务班集体，建设一个政治立场坚定、具有凝聚力和活力的班集体。③ 在实际工作中，虽然党支部、团支部与班委会分工不同，但目标主体都是班级学生，如果对其约束不力，不但不能增强班级建设的合力，反而会削弱各自的作用。因此，党支

① 殷峻，徐恒娟．新形势下班级建设与学风建设问题研究［J］．科技信息，2014（24）：84.

② 中共教育部党组．高校思想政治工作质量提升工程实施纲要：教党〔2017〕62号［A］．2017-12-04.

③ 庞馥珊．浅谈班团一体化运行机制的研究［J］．时代金融，2017（12）：286-288.

部、团支部与班委会的协同约束机制要责任明确、分工合理、运行科学。例如，实行党支书、团支书、班委会互补互换协同工作、轮流担任制度，让党团支部工作或者班委会工作在不论党团支书还是班长缺位的情况下，依然可以有条不紊地运行下去。

（二）“00后”大学生党团班协同育人工作机制的运行与实现

在新时代背景下，“00后”大学生党团班协同育人工作机制的运行与实现，需要坚持正确的价值导向，构建人员协同、部门协同、课程协同、平台协同的合理有效的制度保障体系。

1. 人员协同，实现合力育人

（1）党员干部、团员干部、班级干部是管理主体。在高校党委的领导下，党员干部主要负责思想政治教育协同育人工作的组织制定、协调实施等；团员干部则应发挥后备军的力量，配合党政干部工作；班级干部应凝聚同学，做好班级建设，创造良好的学习生活环境。“00后”更加讲究公正、平等，所以在开展活动时，党团班干部要充分发挥管理主体的职能，收起管理者的“官架子”，尊重班级成员的知情权和参与权，通过民主协商的方式解决协同育人过程中所面临的问题，切实让每个成员在育人过程中认识到自己的地位，激发班级同学的学习、生活热情。

（2）学生是实施主体，是党团班活动的主要参与者，是思想政治教育协同育人的服务对象。提高学生的积极性和参与性是大学生党团班协同工作机制有效运行的生命线，只有保证大学生积极地参与教育活动，党团班协同工作机制才能焕发活力、取得实效。因此，要充分了解“00后”大学生关心、关切、关注的问题，满足“00后”大学生成长发展的真需求和真期待，从而使党团班开展的活动更有针对性、更具亲和力、更具感召性。在开展活动时，应通过辨别分析、交流碰撞，引发“00后”学生思考、引起他们共鸣、引导他们形成正确的思想和行为。为此，党团班协同工作在进行决策或开展活动时，要充分调查、研判班级学生的真实想法和诉求，在确保思想性、严肃性、教育性的前提下，通过举办学生喜闻乐见的主题活动，贴近大学生群体的实际，加强活动的针对性、吸引力和感染力；通过解决班集体或学生个人面临的实际问题，真正关心关爱学生、贴近学生，提高“00后”大学生对党团班协同工作机制及其项目活动的认可度和参与度；通过深化主题活动的内涵和意蕴，充分挖掘每一次活动的思想性、教育性、知识性内涵，将大学生思想政治教育、知识性学习和社会技能锻炼等有机结合起来，使学生在参与相关活动中得到实际获得感。①

（3）教师、辅导员、班主任是支持主体。高校教师、辅导员、班主任在育人过程中，要为党团班协同育人工作提供支持保障，充分重视学生的成长规律，深入学生的内心，纠正学生的不良思想。在育人过程中，支持主体不应将价值观凌驾于青年思想之上，而是要通过传播使学生主动打破固有的错误认知系统，建构新的认知。此外，支持主体应逾越与“00后”的思想代沟，在育人中巧妙地将思想政治教育主流话语融入青年话语，讲述青年故事、映射青年影像、凸显青年个性，提升思想政治教育的亲和力和针对性，满足学生成长发展的需求和期待。

2. 部门协同，实现相互配合

高校思想政治教育工作，需要各部门通力合作。党委、团委应做好部门协作的领导和建设；后勤、心理指导中心等应做好协作行为的规范建设；教务处、学生处应做好协作的学业建设工作。在充分认识高校思想政治教育党团班协同育人工作重要性的前提下，各部门要将“立德树人”作为根本任务，激发部门协同中的凝聚力和向心力，为培养中国特色社会主义新青年奉献绵薄之力。

具体来说，学校可以通过党团活动、教学环节、学生工作等为学生创造全程化的服务氛围：一是学生党支部可以通过发展党员的过程，从理论上、思想上、意识上以及行为上提高学生的政治觉悟；二是团委可以通过各项活动调动广大学生的积极性，通过社团活动和社会实践给学生提供更多的实践和学习锻炼平台；三是教学管理部门，除开设必要的“第二课堂”以外，还要为学生提供更多开阔视野的机会，如开设思想政治大讲堂、形势政策讲座

① 娄柳柳，黄江锋，李峰安，等. 高校学风建设存在的问题及对策［J］. 高教学刊，2017（9）：149-150.

等；四是学生工作部门可以利用自身优势，为学生提供和谐的舆论氛围和学习阵地，加大对学生政治理论方面资源的支持力度。

3. 课程协同，实现同向同行

党课、思想政治理论课以及班级各类专业课程均存在育人育德的内在功能。一方面，三大课程存在“同向性”，都坚持中国特色社会主义的政治方向和办学方向，坚持马克思主义的立场、观点和方法；另一方面，三大课程存在“同行性”，都蕴含德育资源，并发挥思想政治教育的作用。

不同的课程在高校思想政治教育协同育人过程中发挥着不同的作用。党课是申请入党的积极分子和中共党员学习党的基本知识的重要渠道，通过党课学习，他们可以自觉提高自身的思想道德水平；思想政治理论课是对大学生进行思想政治教育协同育人的主渠道，肩负着宣传马克思主义理论价值和思想政治教育内容的重要职责；班级各类专业课是学生专业知识学习和业务技能培训的主要阵地。

实现课程协同，要坚持思想政治理论课的核心地位，同时强化对专业知识的转化，开展特色育人活动，如打造社会主义核心价值观精品课程，将核心价值观培育嵌入校园文化建设，形成校园文化精品课程等。还要依据“00后”大学生的成长背景对原有内容进行增补，如增加传统文化的精髓，挖掘红色文化中蕴含的核心价值观元素，充实核心价值观教育的内容；组织开展传诵经典的活动，推进传统文化的现代化转化，以文化精髓引导学生树立高度的文化自觉；将民族精神、传统故事等作为活动主题，逐渐增强“00后”大学生的文化自信。

4. 平台协同，实现优势互补

思想政治教育平台协同育人，是实现立德树人任务的重要路径之一。要实现思想政治教育协同育人的目标，可以充分利用第一课堂、第二课堂（社会实践等）、第三课堂（互联网）等平台，为学生的全面发展提供良好、和谐的育人环境。第一课堂是受教育者学习专业知识，并将专业知识转化为有效能力的重要场所；第二课堂可以让受教育者通过社团组织、“青马班”（“青年马克思主义者培养工程”暨“校团学组织学生干部后备人才培训班”）、志愿服务、支教助教等，充分发挥主观能动性，在实践中获得新的认识，还可以再次指导学生的实践活动，丰富学生的社会经验；第三课堂利用互联网的开放性、共享性特点，促进知识快速传播，方便人与人之间的交往，有利于育人功能的发挥。①

“00后”大学生成长于新媒体环境下，具有鲜明个性化的群体特征，表现为具有独立意识和务实精神，但同时也具有盲目自信、个人主义、信息辨别能力不足的劣势。为此，平台协同时要以学生需求为导向，发挥“00后”大学生学习能力较强的优势，体现学生的自主性，将教育内容嵌入网络信息载体，并以学生熟知的网络化手段将其呈现出来，实现传统教育方式和新型教育方式的有效融合，丰富校园生活。

（三）“00后”大学生党团班协同育人工作机制的发展路径研究

习近平总书记在全国教育大会上强调，“加强党对教育工作的全面领导，是办好教育的根本保证”。建立健全育人工作机制，巩固深化“大思政”工作格局，既要坚持立德树人的根本任务，以高度政治使命感谋划推动人才培养工作，又要强化青年学生思想引领和价值塑造。在“党团班”的相互协调与配合下，三位一体的协同育人工作机制可以使协同合作的工作效率最大化，从而达到“1+1+1>3”的效果。现阶段研究表明，“00后”大学生“思想活跃”“观念新颖”“兴趣广泛”“视野开阔”，但也存在“受普遍的现实主义影响，价值观念更加多元化，容易走极端”，“集体观念缺乏，团队意识淡薄，人际沟通能力匮乏”等特点。如何引领学生树立远大理想、热爱伟大祖国、担当时代责任、勇于砥砺奋进、练就过硬本领、锤炼品德修为是高校需要引导的重点、难点。

本部分以北京工业大学“党团班三位一体”为例，旨在通过以党建工作为引领、以团学工作为基础、以创新班级建设为落脚点，重点解决党建、团建和班建分离的现状，推动实现全员、全过程、全方位育人，全面提高“00后”大学生的思想政治觉悟，在谋事创业、服务社会中实现自身理想，做到与祖国和时代共同成长，做有理想、有梦想、有责任、有担当的中国特色社

① 张贺祥.党、团、班“三位一体”班级模式的实践研究［J］.科教文汇，2012（08）：48-70.

会主义合格建设者和可靠的接班人。

1. 党团引领成长，红色点亮青春

（1）圆满完成国庆活动服务保障工作，唱响动人乐章

2019年10月1日，北京工业大学（以下简称“北工大”）3561名师生在庆祝中华人民共和国成立70周年大会上组成“建国伟业”方阵，高呼“祝福祖国、祖国万岁”走过天安门广场，82名合唱团学生参与现场合唱，留下了北工大人终生难忘的独家记忆，见图6-1。而在这“3561”的数字中，绝大多数是“00后”大学生。“00后”大学生是中国改革开放成果的受益者，他们对伟大祖国由富起来到强起来的巨大变化有着切身的感受。同学们为这场国庆盛会增添了奋进的精神力量，表示这是最震撼人心的爱国主义教育。在训练过程中，各个大队组成临时党支部，开展理论学习和系列培训，组织观看红色电影、开展特色主题党日活动，组织习近平新时代中国特色社会主义思想、总书记系列讲话等主题交流会，充分发挥党员先锋模范作用和党支部战斗堡垒作用。在庆祝活动后，北工大还举办了为期2个月的“扎根京华大地，矢志兴工强国——庆祝新中国成立70周年北京工业大学成就展”，并组建师生宣讲团分享“我在国庆现场的那一刻”，赴校内外广泛开展爱国主义精神“大家谈”，让爱国主义凝聚成一往无前的力量。这些成果展现了首都高校大学生的良好精神风貌，体现了党团班一体化在大学生思想政治教育工作中的重要意义。

图6-1 北京工业大学3561名师生组成“建国伟业”方阵

（2）紧紧围绕为党育人、为国育才，扎实开展主题教育

为深入学习贯彻习近平新时代中国特色社会主义思想和习近平总书记在纪念五四运动100周年大会上的重要讲话精神，落实全国和全市教育大会、高校思想政治工作会议部署，纵深推进“我和我的祖国”爱国主义主题教育活动，引导大学生以实际行动迎接新中国成立70周年，自觉融入北京发展大势，服务“四个中心”功能建设，增强党支部的创造力、凝聚力、战斗力、组织力，北工大组织开展红色“1+1”共建活动，旨在充分拓展高校学生党支部建设阵地，鼓励大学生走入社会、服务社会。北工大开展的红色“1+1”共建活动以“不忘初心，牢记使命”为主题，是当代“00后”大学生全面贯彻落实习近平新时代中国特色社会主义思想，自觉融入京津冀协同发展的实践探索。院级学生党支部从生态文明建设、新农村发展、京津冀一体化发展等多方面结合自己专业实际与社会组织、用人单位、其他高校的党支部共建，深入探索交流，为高校学生党支部与社会党支部的共赢提供了契机，有利于增强双方党组织的凝聚力与战斗力。参加红色“1+1”共建活动后，同学们励志将以时不我待、只争朝夕的精神投身新时代，为建设富强民主文明和谐美丽的社会主义现代化强国贡献青春智慧和力量。

2. 树立育人理念，促进全面发展

（1）开展思想政治教育，增强主流价值引导

充分发挥各类校园文化活动、社团活动在思想政治教育中的作用，广泛开展以学习习近平新时代中国特色社会主义思想、培育践行社会主义核心价值观、弘扬中华优秀传统文化、辨析当代社会思潮等为主题的宣讲活动，引导“00后”大学生深入理解个人奋斗与国家繁荣、社会进步的关系，让他们明白只有集体保持良好的发展势头，个人才有更广阔的发展空间。同时，应加强道德建设，开展公平、正义、利他主义教育，引导“00后”大学生把个人发展、社会进步与国家富强结合起来，以国家和社会需要为先追求个人价值，实现个人与集体的有机融合，见图6–2。

图 6-2 开展“青春心向党，建功新时代”党课学习活动

（2）助推立德树人根本任务和“三全育人”政策指向

高校立德树人根本任务、“三全育人”教育理念和相关政策的提出，为进一步加强大学生思想政治教育的协同效应、创新和改进“00后”大学生教育培养的整体性育人机制和方式方法提出了新的指向和新的要求。北工大秉承“以人为本、求实创新”的学生工作理念，全力推进学生主体性发展。首先，以服务和支持学生成长、成才、成功为主线，以思想政治教育、素质教育、学风建设、新生入学教育、学生科技、学生就业、特色文体活动和学生工作队伍建设为重点，着力创新工作方法，提高队伍工作水平，实现学生工作的健康、可持续发展。其次，积极搭建平台，通过开展课堂演讲、模拟教学、辩论比赛、知识竞赛等活动，使党团班活动的主体由教师向学生转化，让“00后”学生充分展示自我、充分发挥优势、充分得到肯定，在参与过程中获得知识、得到感悟、受到启发，助推学校立德树人根本任务和“三全育人”政策指向的顺利实现。最后，积极倡导学生参加科技竞赛，依托“基金—竞赛—实践”体系，通过多种渠道广泛征集和培育优秀作品。2019年11月13日，北工大首次捧得“挑战杯”全国大学生课外学术科技作品竞赛“优胜杯”，学生团队斩获5项国家级奖项，取得历史性突破，见图6-3。

图 6-3　北京工业大学首次捧得“挑战杯”全国大学生课外学术科技作品竞赛“优胜杯”

3. 培养干部队伍，提升育人实效

（1）“青马班”与“学生骨干计划”

为深入贯彻习近平新时代中国特色社会主义思想和十九大系列会议精神，北工大以马克思列宁主义、毛泽东思想、邓小平理论、“三个代表”重要思想、科学发展观和中国特色社会主义理论体系精神为指导，为增强道路自信、理论自信、制度自信、文化自信，推进“两学一做”教育活动常态化、制度化，开展了“青马班”“学生骨干计划”。学校以“青马班”为抓手，形成一支思想政治素质高、工作能力突出、群众基础好的“00后”学生干部队伍，他们落实了学校党委用好学生干部队伍的要求，积极发挥学生骨干在学生工作中的作用，成为开展学生工作、了解学生情况、发挥桥梁纽带作用的一支重要力量，引领广大学子成长成才。“青马班”培养工作契合了学校发展

特色的育人文化，构建了育人的良好品牌氛围，通过青马学员的示范引领，开展润物无声的教育培养，为学校三全育人工作格局的构建增添了力量，见图 6–4。

图 6–4 “青马班”“学生骨干计划”学员在延安开展异地教学

（2）推进“先锋工程”，发挥学生党员模范带头作用

学生党员先锋工程是北工大学生党建工作的一项重要内容，是加强学生党员队伍建设和基层党组织建设的重要举措。“先锋工程”要发挥学生党支部战斗堡垒作用和学生党员的模范带头作用，坚持思想引航、服务引航、榜样引航，构建“服务先锋”培养体系。应鼓励学生党员通过“学长伴你行”计划与新生手拉手，帮助新生适应大学学习和生活；通过“助学零距离”计划与学业困难学生结对子，深化学生党支部服务功能；疫情期间，引导学生党员在疫情防控工作中弘扬爱国主义精神，砥砺强国之志，实践报国之行；开展“红色 1+1”共建活动，搭建志愿服务平台，丰富服务内容，建设服务团队，引导广大学生党员在服务中受教育、长才干、做贡献，以实际行动践行党的宗旨；选拔具有先进事迹的优秀学生党员成立宣讲团面向全校学生举办宣讲会；开展“青春告白祖国，学生党员亮出承诺”活动，学生党员对照标准履行职责，把实际开展情况纳入党支部组织生活会和民主

评议党员的内容；以实施学生党员先锋工程为抓手，强化学生党组织政治功能，提升组织力，使学生党组织真正成为引领大学生勤学励志、团结奋进、健康成长的战斗堡垒，使学生党员真正成为信念坚定、素质优良、作风过硬的先锋模范，为学校“双一流”建设提供坚强政治和组织保证，[①] 见图 6-5。

图 6-5　学生党员先锋工程启动会上为研究生宣讲团授旗

（3）实施引航工程，帮助新生适应校园生活

随着“00 后”步入大学阶段，学生群体的显著时代性差异对新生教育工作提出了更高的要求。如何在新时代环境下引导新生树立正确的人生观、价值观、世界观，帮助新生扣好人生的第一粒扣子，研究大学新生的发展特点和有针对性地开展有效的适应性教育是今后工作的重点。在大一新生的暑期“前适应”阶段，北工大开设了新媒体相识平台和新生暑期计划项目，实施了“新生暑期计划”。项目包括实施“学长伴你行”——学生党员与新生宿舍手拉手活动，为“00 后”新生提供大学适应辅导，引

① 杨艳波．学生党支部、团支部、班委会“三位一体”协同工作机制探索［J］．教育教学论坛，2016（24）：7-8.

导学生党员在新生中发挥先锋模范作用；组织学生“青马班”“新生英才计划”，引导其做坚定的青年马克思主义者，成为中国特色社会主义事业合格建设者和可靠接班人；强化爱党爱国教育，纵深推进“我和我的祖国”爱国主义主题教育活动；教育学生牢固树立共产主义远大理想和中国特色社会主义共同理想，切实做到爱国与爱党爱社会主义相统一，见图 6-6。

图 6-6　新生引航工程，扣好大学的第一粒扣子

（4）持续开展“成才表率”培育计划

北工大持续开展“成才表率”培育计划，包括指导学生党组织和学生党员在引领和服务学生成长成才中发挥作用，通过学生党支部、团支部、班委会共同制订工作计划、共同推进工作等方式，加强学生党支部引领作用；完善学生党员“成才表率”标准，强化政治引领，引导学生党员向标准看齐，依据标准对学生党员进行监督；开展“青春告白祖国，学生党员亮出承诺”活动，学生党员对照标准承诺践诺，把承诺践诺情况纳入党支部组织生活会和民主评议党员的内容。

4. 建设网络阵地，加强舆论监管

（1）发挥大学生的网络主体作用

在新媒体环境下，学校思想政治教育的调整，不应仅仅局限于技术转型，更需要使大学生的主体作用得到发挥，形成自在自觉，具备网络主体能力。北工大充分利用网络技术构造符合学生学习和生活习惯的教学环境，结合“00后”大学生特点开展教学、线下一站式服务大厅、线上数据一体化工作。首先，形成社会主流价值观引导的网络舆论氛围，充分关注学生日常关注的网络媒体，如微信、微博、抖音、知乎等，以正确的舆论引导学生树立正确的思想观念，坚决避免不良信息或错误思潮对学生产生不良影响。其次，通过结合课程学习、评优评先、校园建设等方式开展网络技能大赛、网络文化比赛和网络学习比赛，在生动丰富的实践活动中引导学生树立主体意识，培养主体能力。例如，组织学生开展社会主义核心价值观课程制作、课题活动方案的设计等网上活动，以此来增强学生的参与积极性，发挥学生自身的优势。制作这些符合社会主义核心价值观的网络教育作品，学生在参与的同时，对于这些思想观念的认识也会得到一定的加深。最后，丰富社会实践活动，以“行动”促进“认知”。①“00后”大学生更加喜欢多元化的学习方式，通过参与社会实践活动形成的价值观念，其影响也更为深刻。因此，组织学生参与相关的社会调查、公益活动等，鼓励师生走出校园，到社会中去学习，遵循认知认同、情感认同、行为认同的教学规律，会更加符合“00后”大学生共性特点，引起共鸣。

（2）加强网络人才队伍建设

“00后”群体中涌现出部分意见领袖，他们的社会影响力和受关注度较为显著。在开展思想政治教育时，可以挖掘意见领袖在思想政治教育中的作用，利用新媒体让意见领袖用正确的价值观来发声，用大学生喜闻乐见的形式进行思想政治教育，使大学生在轻松自由的氛围中接受思想价值引领，有效实现“00后”大学生思想政治教育与其自身发展的同步前进。

5. 整合教育资源，依靠多元力量

（1）开发教育资源，发挥实践育人作用

学校应在思想政治理论课教学、日常思想政治教育、社会实践等教育教学实践活动中做好对“00后”大学生的思想引领，达到综合育人的目的。应关注“00后”大学生的价值表达和情感状况，引导他们探索人生

① 刘桂娟，张浩男，黄春丽．互联网+背景下“00后”大学生社会主义核心价值观培育路径研究［J］．党史博采（下），2019（06）：62-63.

价值的多元评价方式。应充分发挥红色基地、博物馆、展览馆等传统教育基地的功能，积极开发新的教育资源，利用人工智能、5G 等新信息技术开展思想政治教育活动；充分发挥“第二课堂”在实践育人方面的作用，开展以开阔视野、扩展知识、增进身心健康、提高专业技能为目的的各项活动课程，全面提高学生的思想道德、学习能力、人文素质、劳动素养，落实学校关于新生教育工作的全校引导性教育活动，结合学院特点开展系列教育活动，营造新生教育的良好氛围，为实现中华民族伟大复兴的中国梦培养全面发展的高素质创新人才。① 在思想政治教育过程中，学校要引导“00 后”大学生强化集体主义观念、中国传统道德精神和社会主义核心价值观，利用新媒体、大学生党团班组织共享建设新型思想政治教育阵地，发掘培养高校思想政治教育新型人才，强化高校思想政治工作者队伍建设。

（2）依靠多方协作，强化队伍建设

《中共中央国务院关于全面深化新时代教师队伍建设改革的意见》（中发〔2020〕19 号）明确指出，要把提高教师思想政治素质和职业道德水平摆在首要位置，把社会主义核心价值观贯穿教书育人全过程，突出全员、全方位、全过程师德养成，推动教师成为先进思想文化的传播者、党执政的坚定支持者、学生健康成长的指导者。依靠辅导员、班主任、专业导师多方协作，构建协同育人机制，是把新时代党的特色和优势有效转化为教师培养社会主义建设者和接班人的育人合力的有效路径。通过汇聚辅导员队伍、教师队伍的集体智慧，对学生党团班思想政治工作规律、教书育人规律、学生成长规律开展集中攻关，建立同向、同行、同为的协同育人模式，可以提升思想政治工作的亲和力和针对性，培养担当民族复兴大任的时代新人。专业导师和班主任要运用好专业课堂育人功能和专业实践育人功能，与辅导员共同挖掘专业课程中的思想政治教育元素，并将其有机融入课堂教学和开展的思想政治活动，实现润物细无声。

---

① 李广松，宋伟．学风建设的时代内涵·问题·对策——以高校创先争优的视角［J］．高等农业教育，2012（9）：45-47.

二、线下服务一体化

（一）学生一站式服务大厅构建机制

1. 创新发展机制

学生一站式服务大厅推出制度、管理、文化多方面的创新发展机制。经过高校教育信息化多年的发展，"一站式"能够让学校较为分散的服务流程得到简化，完成信息共享，从制度上解决业务分散、流程复杂、信息无法共享等问题。此外，"一站式"服务走进校园，使得学生事务管理不断下放，学生事务管理机制得到创新，如开设权益窗口开展咨询服务，及时接受并反馈学生反映的问题，实现了师生共建校园的文化环境。

2. 协调运行机制

学生一站式服务大厅打造全要素、多部门、高效益运行机制。大厅结合了学工部、校团委、校医院、就创中心、学生资助中心等学生工作部门，融合了学生证补办、充磁、权益问题资讯、公费医疗报销手续办理、就业政策咨询等服务，提高了服务效率，真正做到了让学生"少跑一趟路，少进一扇门，少找一个人"。

3. 绿色发展机制

学生一站式服务大厅的建设首推节约型、友好型服务机制。绿色发展是以效率、和谐、持续为目标的发展方式，如今已成为一个重要趋势，"一站式"的服务模式以绿色发展为根本，力求实现服务流程精简化、信息化，服务效率最大化，以及可实现效益最大化。结合"00后"学生的行为特征和自主化服务的需求，大厅增设自助打印成绩单、奖状证书补办等多项自主服务，已初步形成节约型、友好型的服务机制。

4. 共享反馈机制

学生一站式服务大厅应做到"发展为了学生，发展成果与学生共享"，打造服务反馈机制。"一站式"服务的概念引入高校，一是整合学校各部门的资源，运用线上系统联动与线下窗口服务的模式，让学生能够在一站式服务大厅内，解决学习、生活、就业、学生活动等多方面的需求。二是通过大厅办理业务的数据统计分析和学生权益反馈等信息，总结“00后”学生的行为特征，将其反馈到教育过程中，并将反馈信息利用到“一站式”服务大厅的业务完善和总体发展中，做到“发展为了学生，发展成果与学生共享”，如图6-7所示。

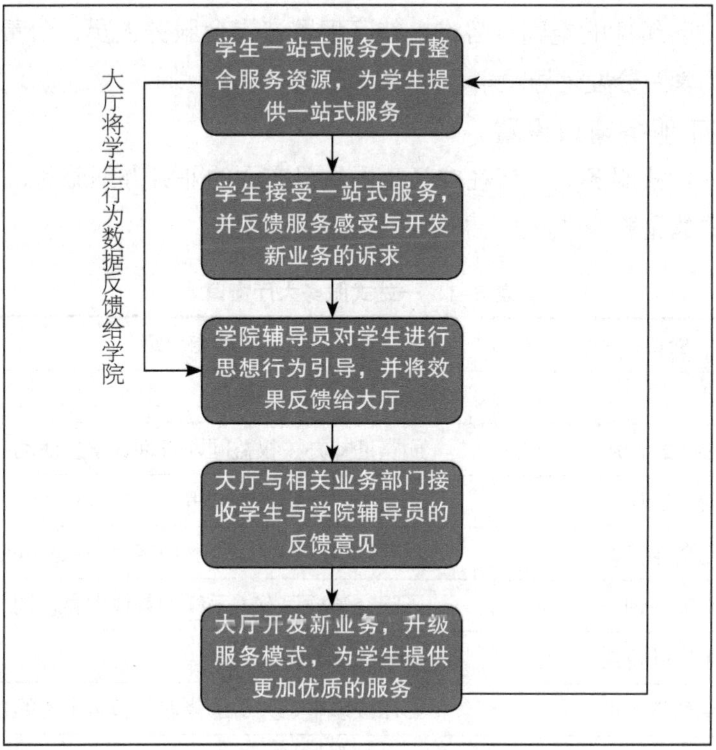

图6-7 学生一站式服务大厅共享反馈机制

（二）学生一站式服务大厅运行现状——以北京工业大学为例

北京工业大学学生一站式服务大厅于2018年5月2日起正式对学生开放。它是秉持简化学生办事流程、为学生提供优质服务理念，构建起的集管理、服务、学生自我教育于一体的新型学生事务大厅。2019年3月，学生一站式服务大厅实现全天开放，工作时间为工作日8:00—11:30、13:30—17:00。

目前，大厅共设立12个窗口，涵盖学生证补办、公费医疗报销、就业政策咨询等多个项目。2019年大厅增设权益窗口，学生处教师、校学生会权益部每周固定时间开展咨询服务，及时接受学生反映的问题并反馈至相关部门协助解决。除此之外，大厅还设置自助服务区、休息等待区、咨询接待区三个区域。自助服务区为学生提供最大限度的自助式服务业务，在工作时间内，学生可以自行办理所需业务；休息等待区配备大量桌椅，为学生在大厅提供准备材料、排队缓冲的空间；咨询接待区配置咨询台服务人员，负责为学生答疑解惑、为学院分发辅导员学习期刊等工作。

1. 线下服务窗口设置

学生一站式服务大厅旨在向学生提供多方面的业务办理服务，共设立12个窗口，具体见表6-1。

表6-1　一站式服务大厅窗口

窗口	功能介绍
学生处	学生证补办、领取
校团委（2个）	团员证补办、权益问题咨询、学生活动咨询
校医院（2个）	公费医疗报销材料初审
就业与创业咨询	就业政策、毕业手续、创客空间入驻等咨询
国际交流咨询	国际交流项目有关手续和具体内容咨询
研究生事务咨询	研究生证补办
本科生教学咨询	打印成绩单、关于选修课等教学事务的咨询
学生资助咨询	学生资助有关流程和部分手续的咨询办理
学生学业指导咨询	有关学业辅导各项常规培训时间等信息咨询
征兵与军训咨询	有关大学生服兵役和军训有关信息的咨询

自2019年3月学生一站式服务大厅开启全日制运营后，大厅窗口服务效率逐渐提升。截至2021年1月，学生处窗口成功补办394份本科生学生证，成功领取336份，领取率较2018年同期增长24.02%。校医院窗口全年共接收5214份报销单据，一次性通过单据4740份，一次性通过率稳定在91%左右，

接待人数较2018年同期增加200人左右。

2. 专业化服务队伍配备

学生一站式服务大厅配有26名学生服务人员，着力打造一支专业化的学生服务团队，其中包括学生负责人1名、服务窗口经理7名与服务窗口业务人员18名。学生负责人负责统筹大厅工作、人员分配，与学工部负责老师进行对接，把握大厅的日常运营工作；服务窗口经理负责统筹所在服务窗口工作与人员管理。学生一站式服务大厅设有工作考核与岗位竞选机制，每一位工作人员在上岗前都需要经过大厅与业务所在部门的岗前培训，从而确保大厅的学生服务团队做到人员配置最优、工作效率最优与服务意识最优。

（三）巩固实践育人成效，以“00后”学生为主导，打造自我服务、自我成长平台

开展社会实践活动是高校实现实践育人的重要载体和环节，有利于帮助学生了解社会，增强社会责任感，调动学生的积极性和主动性，培养学生的健康人格，提升学生的综合素养。随着“00后”正式进入大学校园，高校学生管理和培养工作更要做到因材施教。“00后”学生作为新纪元的一代，物质生活更为丰富，思想活跃，追求独立、自主，他们在向往自我发展的同时，也希望外界能够发现自己身上的闪光点。学生一站式服务大厅为“00后”学生转换身份、参与社会实践提供了有效途径和平台，通过参与大厅的运营，学生能够实现自我服务、自我管理、自我教育的实践目的。接下来我们将从“00后”学生特征和一站式服务大厅的发展趋势来讨论如何以“00后”学生为主导，打造自我服务、自我成长平台。

1. 凸显内部服务成效，学生服务学生，打造学生队伍自主经营体系

（1）转换服务者身份，自主经营一站式服务大厅

一站式服务大厅在为“00后”大学生提供集中便捷的校园服务的同时，还能够为他们转换身份和自我发展提供充分的自由，从而在学校的主导下拥有更多的自我选择和自我管理的权利。基于此，“00后”大学生通过真正参与和投身学生事务，可以有更多表达自己意愿的空间。学生一站式服务大厅应打造一支由学生负责人、窗口经理和窗口业务员组成的多层次学生服务团队。

如前面提到的北工大学生服务团队，学生负责人负责统筹大厅工作、人员分配，与学工部负责老师进行对接，把握大厅的日常运营工作；服务窗口经理负责统筹所在服务窗口工作与人员管理，定期与相关职能部门进行沟通，反馈学生服务意见，开发窗口新业务，起到上传下达的作用；服务窗口业务人员则负责所在窗口的日常工作，汇集、整理窗口工作数据等。

（2）增强向上向下沟通能力，培养主人翁意识

"00后"大学生生理和心理都处于尚未成熟阶段，缺乏社会阅历，缺乏管理基础和经验，我们需要给予"00后"大学生更多的锻炼机会，培养他们的主人翁意识。培养主人翁意识需要探索全员参加、全员建设的管理模式。学生一站式服务大厅通过科学化设置大厅服务窗口，不仅为全校师生提供了全方位服务，还可以让学生自主选择适合自己的岗位，并定期轮换，确保人人有岗。学生通过自主运营大厅，能够提高自身在学生事务中的参与度，从而促进主人翁意识的培养。

（3）培养工作留痕意识，提升总结分析能力

学生一站式服务大厅作为由业务职能部门协调而成的一站式线下服务中心，需要各个窗口业务员熟悉各项业务，清晰梳理工作要点。在日常工作中时刻留痕，不仅可以为建立工作台账、进行数据分析和预测提供有力帮助，更是对工作的再思考、再负责。学校通过培养大厅学生团队的工作留痕意识，不仅可以让责任人在工作留痕中进行再思考和总结分析，使其更具有责任心、更细心，还可以使工作开展得更周到、更细致，服务质量和水平也得到进一步提高。此外，通过建立工作台账、梳理工作内容，建立有效的反馈机制，可以最大限度地满足"00后"大学生对个性化服务更深层次的要求。

2. 应用内部管理成效，学生管理学生，打造学生团队自主管理体系

（1）学生为管理者，建设梯队型学生队伍

在实现"00后"大学生自我教育的过程中，学生队伍的建设是必不可少的，建立并健全一支由"00后"大学生组成的学生干部队伍，有利于各项工作的开展。在学生一站式服务大厅的建设过程中，在满足基本条件的基础上，高校可以通过学生推荐、学生民选的途径选拔一批思想端正、能力突出的学生干部，建设和完善梯队性学生队伍，让更多的学生事务由代表和维护学生

意愿与根本利益的学生队伍来完成，实现学生工作权限逐渐下放，从而提高服务质量，发挥思想引领作用。

（2）严格考核机制，实现学生队伍内部自主监管

规范管理是提升服务水平的前提和保证，学生一站式服务大厅作为学校业务职能部门和学生间的纽带，可以结合自身实际工作，制定一套完善、切实可行的优质服务体系和严格的考核机制。一是按学期制订工作计划，明确工作目标、细化工作要点，有重点、有计划地开展各项工作；二是实施月、学期考核通报制，及时改进工作中存在的问题，切实落实责任，提高服务质量。

（3）灵活运用共享反馈机制，设立例会制度，师生协同推进大厅建设

“00后”学生干部面临着平衡学习生活与学生工作的困境，因此学生一站式服务大厅在培养学生团队的过程中，应以“00后”大学生的兴趣爱好为切入点，利用互联网手段和辅助平台，帮助学生主动学习、提高工作效率，处理好学习和工作的关系。此外，大厅应设立和施行例会反馈制度，在例会中各窗口负责人要进行阶段性工作汇报，由负责老师和学生共同讨论工作中遇到的问题，对上一阶段的工作开展情况进行有效追踪，并制订下一阶段工作计划。此制度可以实现师生间良性沟通，进一步提高学生一站式服务大厅的服务质量，提升窗口办事效率，促进各项工作的有机衔接和协调运转，实现师生共建，见图6-8。

图6-8 学生一站式服务大厅召开师生例会

3. 彰显学生能力提升成效，在工作中学习，构建自我成长体系

（1）定期开展工作培训，掌握部门工作重点

"00后"大学生处于成长成才的关键时期，接收信息的途径随着网络平台的发展不断增加。准确掌握"00后"学生的思想行为特征，不断更新学生干部培养机制成为构建学生自我成长体系、优化服务质量的前提条件。定期开展工作培训，完善学生培养模式不仅是一站式服务大厅各项工作顺利开展的基本要求，还有助于学生明确对工作的认识，端正工作态度，提高综合素质和工作能力。学生一站式服务大厅通过制定岗位职责、细化工作内容、切实落实岗位责任，并通过一对一交流、集中培训等多种形式定期进行工作培训，激发了"00后"大学生的主动性，有助于学生个人成长。

（2）定期开展技能培训，因需学习窗口工作技能

大厅的服务范围涵盖学校业务职能部门多个业务，涉及学校内网程序、办公软件的使用，因此在开展日常培训时，不仅要针对工作内容、职责和重点进行强化，也要不断细化培训内容，完善培养机制，系统地进行工作技能培训。学生一站式服务大厅在每年招新上岗时会针对办公软件的使用、电脑程序操作、资料收集、台账制作等工作必备技能进行培训，在工作中遇到问题时，由专业老师进行针对性的指导，从而形成技能培训长效机制，帮助学生提升行政工作技能。

（3）增强学生责任意识与服务意识，提升综合素质

"00后"学生干部是学生中的骨干力量，是学生队伍建设的先行者，是和同学间沟通交流的纽带，"00后"学生干部的能力和综合素质直接影响到个人的进步与高校发展。为了能在大厅中实现学生自我服务和自我教育，打造学生自我成长体系，学生一站式服务大厅不仅定期开展系统的工作和技能培训，还特别注重提升学生综合素质，培养学生责任意识、服务意识和奉献意识。大厅在各项工作中提高了学生参与度，让学生获得成就感，思考工作的意义和目的，在培养形式上采用了理论结合实际的方式，灵活运用新媒体等宣传手段，使得学生随时随地都能学习，并能逐一实践。

三、线上数据一体化——以北京工业大学为例

（一）依托学生大数据中心建设，探索教育引导新模式

在学校党委的领导、相关职能部处的大力支持和帮助下，北京工业大学于 2016 年年初开始探索学生大数据挖掘与精准服务工作。2018 年 10 月，北京工业大学学生大数据中心（教育大数据分析与应用实验室）揭牌成立。通过理论研究和实践探索，“全员参与 + 技术支持 + 分步实施 + 智能服务”四位一体的学生工作新模式应运而生。秉承“人人参与大数据建设，人人享有大数据成果”的建设理念，学生大数据中心砥砺前行，不断探索大数据在高校学生思想政治教育工作中的研究与应用，为学生发展、辅导员精细化工作、学校“双一流”建设服务。

1. 整合学生数据资源，促进学工系统信息化建设

学校对学生数据进行了系统收集和整理，建立了包括学生基本信息库、一卡通数据库、学生发展数据库、安全数据库、军训与征兵数据库、奖惩数据库、保险数据库、心理数据库、贫困生与资助数据库、宿舍数据库、上网数据库等与学校管理工作和学生学习生活息息相关的一系列数据库。

2. 深度挖掘学生数据，建立精准服务系统

基于对学生数据库科学、严谨、全面的分析和挖掘，学校建立了一套学生数据挖掘与精准服务系统，主要包含安全预警系统、学业预警系统、精准资助系统、网络预警系统和学风诊断系统等五个模块。同时，在各个应用系统设置反馈机制，对问题学生进行及时教育干预，并及时反馈干预行动及结果，完成大数据决策支撑下的闭环工作。此外，融合学生工作管理系统、大数据预警系统第二课堂管理系统，着力描绘学生的经历画像、行为画像、能力画像，如图 6-9 所示。

3. 加强大数据安全保护，提高学生数据安全保障

针对学生信息的使用范围设立专门权限，确保学生数据信息处理的全过程有据可依；同时，对于涉及大数据采集、使用、管理的工作人员，加强保

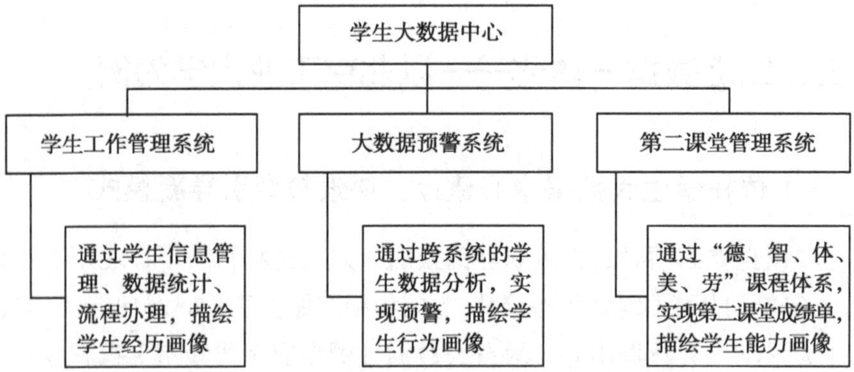

图 6-9 北京工业大学学生大数据中心系统

密培训，提高其安全意识和责任意识。

4. 加强校内部门合作，着力提高服务水平

从学校层面加强各部门的沟通合作，提高数据采集过程的便利化和数据挖掘过程的专业化，以提升精准服务水平。同时，及时将大数据建设成果服务师生。

5. 加强大数据应用研究，探讨学生工作理念变革

学校对学生大数据应用的路径进行探索，提出实现学生工作的四化，即数据化、泛在化、精准化、智能化。同时，对学生大数据背景下学生工作的理念变革进行探讨，提出从随机抽样到全样本数据：大数据时代的学生工作思维变革，从精细化管理到精准化服务：大数据时代的学生工作模式变革，从大数据使用到大数据威胁：大数据时代的学生工作伦理挑战。

（二）以学生数据中心为核心，构建协同服务体系

前文介绍了学生一站式服务大厅建设，根据《国务院关于加快推进“互联网＋政务服务”工作的指导意见》（国发〔2016〕55 号），推进“互联网＋政务服务”是贯彻落实党中央、国务院决策部署，把简政放权、放管结合、优化服务改革推向纵深的关键环节，对加快转变政府职能，提高政府服务效率和透明度，便利群众办事创业，进一步激发市场活力和社会创造力具有重要意义。因此，在学生一站式服务大厅的建设上，除了要在实体建设上实行

优化简从的建设模式，在互联网平台建设上也要加强建设，推进实体大厅与网络服务平台融合发展。在业务运行中，要进一步打通数据壁垒，实现各个部门数据信息互联互通、充分共享，使得学生思政工作进一步从教育管理型业务系统向综合服务系统转变。同时，互联网新型运作模式也要实现移动App、微信平台、大数据分析等多平台的一体化发展，健全和创新学生事务管理与服务体制机制，充分发挥多岗位育人要素的协同功能。

北京工业大学在现有学生大数据中心的基础上，建设了“学生管理与服务中心”（以下简称“中心”），制定了学生数据管理办法，完善了线上服务功能，加快推进了学校治理体系和治理能力现代化，健全和创新了学生事务管理与服务体制机制，充分发挥多岗位育人要素的协同功能，深化了“三全育人”大格局，构建了“教”与“育”、“管”与“育”、“服”与“育”融合贯通的学生协同管理体系。

1. 实现全校各部门之间学生数据库信息采集标准统一、异动变更统一、核发口径统一

如图 6-10 所示，中心覆盖学生全面数据的统计与管理，负责对涉及学生的全部数据进行归口管理，避免各部门之间决策依据的数据不统一、不同步。从新生入学报到注册，到入学后常规或突发异动，再到毕业数据完结核算等，相关部门与中心核算数据，确认保持一致，实现全程统一监控和数据核查。同时，建立学生注册监测机制，针对超出学业年限或休学复学期限等情况，及时告知并提示有关单位及时处理。规范各单位在学生数据采集、使用及处理方面的程序性和规范性。

此外，中心通过建立责任清单，实现数据决策和支撑下的执行和管理闭环顺畅。统筹督办学生数据变化后的决策执行进程，实现学生数据统一口径、分级共享、实时更新、闭环管理、督办到位，以此推进教学、管理、服务、信息等部门协同联动，确保线上数据实时变动，线下学生管理同步推进，全始全终，闭环管理。

2. 加强部门协同联动，确保线下学生管理与线上数据管理同步推进、全始全终

如图 6-11 所示，中心对问题数据及与此相关的学生行为进行教育干预，

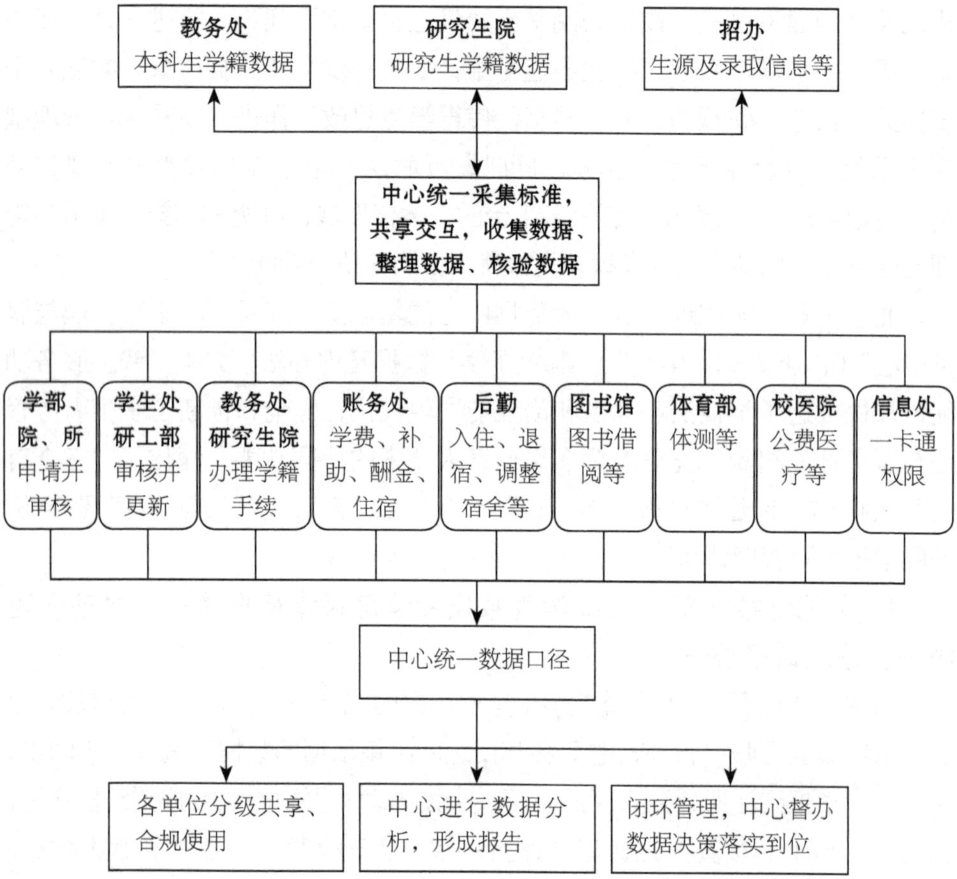

图 6-10　学生管理与服务中心统计与管理学生数据

复核、追踪、督办该问题数据或行为及时处理完结，实现数据变动的执行与管理闭环顺畅。建立学生管理监测机制，针对未按时缴纳学费或住宿费等情况，及时告知并提示有关单位及时处理。对于超出处理时限要求仍未解决的特殊问题，本着一事一议原则，召开专题工作会议，协调有关部门处理完结。

对于与学生学籍注册相匹配的入校离校相关工作，中心按有关规定在时间期限内，监督相关单位为学生办理完结所有手续。协调各部门为学生及时解决手续办理过程中的特殊问题，通过在线系统核实、跟进办理进度。针对数据变动后的学生管理流程明确处理时限，对超时限未处理完结的问题，监督有关部门说明情况，跟进督办，确保数据变动决策执行及时、到位，流程闭环相扣。

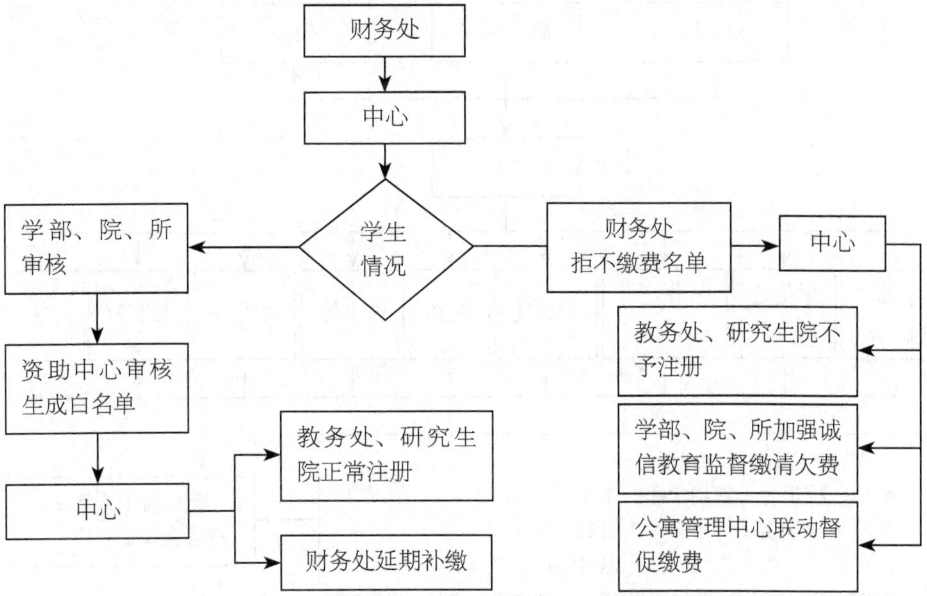

图 6-11 学生缴费与注册选课管理模型

如图 6-12 所示，中心建立学生注册监测机制，根据工作需要和风险预判，开展以下工作：监督相关单位对应入校学生（新增学籍的学生）统一数据变化，直至入学和入住等手续处理完结；监督相关单位对应离校学生（不再享有学籍的学生）采取相关管理措施，直至处理完结；提醒相关单位对应离校学生（仍享有学籍但须暂时离校的学生）采取相关管理措施，直至处理完结；对于超出处理时限仍未解决的特殊问题，协调有关部门进行情况说明，召开专题会议，一事一议，督办完结。

在以往工作经验和数据分析的基础上，中心负责梳理学生数据统计与管理流程中的空白或漏洞，预判风险隐患，完善相关制度体系建设，汇聚协同育人的智慧和力量，确保学生数据决策与管理形成闭环，以此提升“三全育人”网络化、信息化水平，推动建立网上网下正向互动的协同工作格局。

（三）结合“00后”学生特点，形成协同教育的网络化机制

通过前一章节“00后”首都大学生思想行为特征研究，我们了解到，首都高校“00后”大学生在“网络行为”方面有待加强与提高，主要是因为网

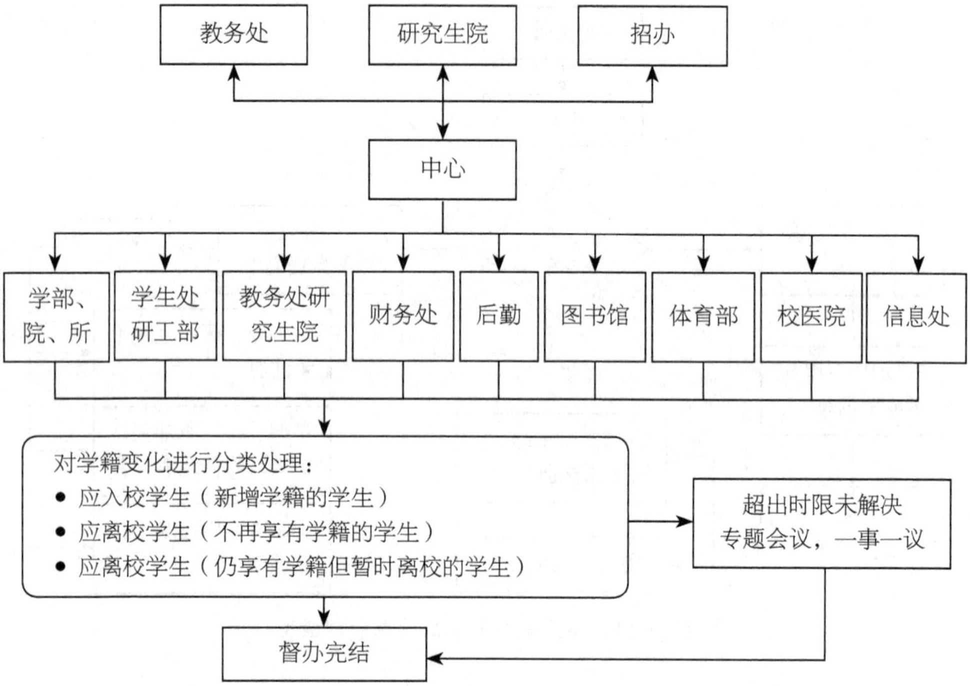

图 6-12 建立学生注册监测机制

络行为娱乐化、网络素养薄弱化。在实际生活中，“00 后”大学生对网络高度赖度，其网络行为表现出重娱乐而轻学习的特征。虽然“00 后”大学生掌握的网络技能较为丰富，但其网络素养远不足以抵御新的冲击和考验。结合这些特征，高校和教师要进行教育引导策略的转变，积极向互联网阵地转移，形成协同教育的网络化机制。

1. 学生大数据协同共享

随着国家“互联网 +”行动和国家大数据战略的实施，各高校通过加强学校学生数据整合和共享，提高学生工作队伍的工作效率和精准服务水平，促进学生思想政治教育工作质量的提升。但通过到各地高校调研了解到，高校教育大数据工作难点重重，重在实践。大部分高校由信息化建设部门负责统筹大数据建设，但学校各部门自行建设业务系统，难于统筹规划和协调，数据孤岛问题是数据共享的屏障。同时，很多高校的信息化水平不高，如何利用大数据开展教育管理工作，需要理论和实践的探索，转变现有工作思路是巨大的挑战。北京工业大学由学生处和各相关部门合作，成立了“学生大数据中心”，对学生大数据进行研究与实践，实现了学生数据的协同共享与服务。

2. 网络思政协同引导

习近平总书记在全国高校思想政治工作会议上指出，高校思想政治工作必须围绕学生、关照学生、服务学生展开，要因事而化、因时而进、因势而新。根据青年大学生在哪里，高校思想政治教育就要在哪里的要求，青年大学生在网络上，高校思想政治教育就要延伸到网络上。通过到各地高校调研了解到，为了积极推进“互联网+思政”，各高校以学校宣传部门为主导，联合学生管理部门，通过利用新媒体、融媒体等手段，发挥特长、调动积极性，形成网络思想政治教育工作合力。教育部推行的“易班”，也为高校提供了网络思政平台，各高校利用易班开展网络宣传教育与舆论引导工作，形式灵活多样。部分高校通过成立网络思政中心、大学生思想状况调研工作室、大学生网络文化工作室等方式，利用企业微信、官方微博、抖音平台等媒介开展工作，形成网络思政工作的有力抓手。

3. 在线教育协同开展

在新冠肺炎疫情期间，在线教育成为“停课不停学”的重要教育手段，这同时也促进了在线教育的发展。在线教育即“E-Learning”，或称远程教育、在线学习，是通过应用信息科技和互联网技术进行内容传播和快速学习的方法。在线教育不是教师通过微信、QQ等社交平台联系学生，而是通过互联网平台开展教育教学，如慕课（MOOC），即大规模开放在线课程，就是“互联网+教育”的产物。高校教师通过在线教育开展教学与教育引导是对“互联网+教育”的实践挑战，通过互联网将教师的视线转移到线上，与“00后”大学生成为同一阵地，迎合学生的使用习惯，可以更方便地开展教育引导。

通过北京高校“停课不停学”策略与效果调研发现，高校一直关注慕课内容、网络平台功能，质疑互联网教育与课堂教育的利弊，担心互联网教育对教师岗位的冲击。但实践证明，互联网教育是一种更高效的教育教学方式，具有利用碎片时间、不受地域限制的优势，是混合式教学的实践基础。同时通过实践调查发现，"00后"大学生不单单喜欢"只看视频"上课，还更喜欢通过视频与"人"交流，这会促使教师学习和提高自己的在线教育技能。所以从这方面看，在线教育不会取代教师岗位，反而会拓展教师与学生交流的方式，提高教育教学效果。

此外，针对"00后"大学生使用网络的自律性较差、网络信息的筛选能力较差、网络道德责任意识薄弱等问题，高校需要融合各方力量，推出统一的学习与管理平台。"学习强国"就是成功的在线学习平台，不仅提高了学习者的自觉性，还实现了"有组织、有管理、有指导、有服务"的学习，极大地满足了互联网条件下学习者多样化、自主化、便捷化的学习需求。

4. 第二课堂协同服务

根据团中央、教育部在全国高校中推行"第二课堂成绩单"制度要求，各高校明确定位，将第二课堂作为第一课堂的有机补充，作为高校人才培养的重要组成，推进第二课堂与第一课堂互动互补、互相促进，协同服务高校立德树人中心工作。北京工业大学修订了《北京工业大学本科生第二课堂管理办法》，成立了北京工业大学素质教育学院，开展了第二课堂学生能力提升工程，即根据思想素质养成、政治觉悟提升、创新创业创造、实践实习实训、身心健康促进、文艺体育项目、技能特长培养、志愿公益服务等培养方向，设置德育、智育、体育、美育、劳育五个类型的第二课堂课程，并依托北京工业大学第二课堂管理系统，实现线上进行第二课堂课程管理和学分认证。学生利用课余时间，参加各项课程，寻求个性化发展，努力成为德、智、体、美、劳全面发展的高素质创新型人才。

5. 家庭教育协同管理

在首都高校"00后"大学生特征研究中可以发现，父母教育方式及亲子关系也是影响首都高校"00后"大学生思想行为的因素。民主型教育方式下的学生思想行为水平最高，亲子关系越好，学生的思想行为水平越高。在高校的教育管理中，更突出学生与教师的角色定位，而在基础教学的在线教育中，学生、家长、教师、社会等都有自己的职能。从协同教育角度看，改善"学生学、教师教、家长看、社会练"的现状，通过在线教育的角色定义，让家庭教育和社会教育切实融入教学环节，可以真正促进实现全员育人。

第七章

“00 后”大学生思想行为的教育引导有效性评价路径研究

2020 年 10 月，国务院印发了《深化新时代教育评价改革总体方案》，对改革学生评价、全面推进落实立德树人根本任务、促进学生德智体美劳全面发展提出了新要求。近年来，“00 后”大学生逐渐成为大学校园的生力军，高校面向“00 后”大学生群体开展的思想和行为教育引导面临着新挑战、新问题。教育者不仅承担着对“00 后”大学生群体思想和行为的教育引导职责，同时也肩负了制定、解释教育引导评价指标体系的管理决策职能。因此，一些高校在不同程度上出现了教育的异化现象。作为真正的受教育者，学生对教育过程的效果评价和有效性验证容易被忽视。由此，正确理解什么是有效性、谁的有效性、如何衡量，即明晰“00 后”大学生思想行为教育引导有效性的内涵与层次，制定科学合理的教育评价标准，对于改善“00 后”大学生思想行为教育引导失效的困境具有重要的现实意义。

一、“00 后”大学生思想行为教育引导的评价标准

（一）“00 后”大学生思想行为教育引导有效性的基本内涵

明确大学生思想行为教育引导有效性的基本内涵，是高校开展学生教育、研究管理与服务各项工作实效性的理论前提。无论是进行“00 后”大学生思想行为教育引导的失效原因分析，还是探索提升思想行为教育引导有效性的

途径，抑或是构建高校大学生思想和行为教育引导工作的考核或评价体系，都离不开对"有效性"这一基本内涵的准确把握。

目前，学术界对"大学生思想行为教育引导有效性"的定义尚无权威的统一表述。学者们对"有效性"的普遍认同是，"事物经过一定的活动过程以后，所产生的客观结果与预期的目标相比较，它所达到的真实有效的程度或状态"。[①]基于此，大学生思想和行为教育引导的有效性应当反映出教育的预期目标与实际效果之间的张力关系。这一方面体现出一种教育客体满足受教育主体需求的价值属性，另一方面体现出教育产出的效能属性。

1. 从时间维度看"00后"大学生思想行为教育引导的阶段有效性

法国历史学家雅克·勒高夫提出，"史学是时间的科学"。从时间的质与量的视角看，各类教育活动对学生思想和行为产生的作用和影响可以分为长期有效、中期有效和短期有效三种。长期有效依赖于思想内化与行为外化的高度统一，反映出教育者所期待的在学生道德品格、价值导向层面实现的教育效果的真实水平，是对学生一生都会产生作用的影响，具有更强的稳定性、延续性和内在性。例如，一个学生在校期间接受的有关科学精神的熏陶教育，会如影随形伴随学生一辈子，即使在毕业后的生活、事业中，也会发挥出持久的影响力。中期有效则体现在教育效果不能立竿见影，是一种潜在的隐性存在，需要经过更长时间的发酵或外界事件的触动，才会被激活转化为显性现象。例如，高校日常对大学生开展的突发事件应急安全教育，只有在真实事件爆发时，受教育者才能学以致用，验证和表现出教育的有效性。短期有效通常表现为见效快，学生可在特定情境下，迅速理解教育者传递的信息和知识，但需要更长时间才能积累修炼成为个人的道德品格。例如，偶然一次的社团活动可能会让学生在特定活动期间感受到快乐，但若要实现学生深层的价值认同，则需要在更长时间内开展系统的教育活动。

2. 从空间维度看"00后"大学生思想行为教育引导的范围有效性

第一，教育对学生思想行为引导的有效性，体现在个体对环境的作用力

---

① 何桂美.高校思想政治教育实效性的内涵及影响因素[J].学校党建与思想教育，2014(16)：14–16.

上。学生作为社会个体，可以对周围的学生群体产生影响，在日常学习生活中，对宿舍舍友、党团班同学、学生组织等群体释放出积极或消极的道德作用力。例如，高校开展的各类评奖评优、选树典型的活动，都是为了通过身边人、身边事激发个体对环境的示范引领作用，强化优秀标杆对更广泛学生群体的带动作用。第二，教育对学生思想行为引导的有效性，也体现在个体之外的环境对学生自身产生思想和行为的影响力与感召力。有些是学生迫于外界的制度约束或舆论压力规范自身言行，有些则是在长期的教育引导下，将规则内化为自身的道德认知，在制度中被塑造成为更健全的人，并直接或间接地参与到制度的再造过程中。例如，在大学治理体系和治理能力现代化建设中，越来越多的学生通过自治的方式，参与到学生教育和管理工作中，不仅通过规范自身言行实现了更高水平的教育管理和服务，也为完善大学制度、规范大学章程做出积极贡献。

3. 从逻辑维度看“00后”大学生思想行为教育引导的转化有效性

第一，对大学生思想行为的教育引导可以是一种正向进化。马克思主义指导我们，人类认识世界的最终目的在于要通过实践改造这个世界。教育者通过思想政治教育、文化素质教育、学生干部培养、日常事务管理等途径，不断改造着学生的精神世界，大学生通过参与各类社会实践、志愿服务、科技竞赛等方式，也可不断践行内化积累的思想认识、道德信仰，夯实和强化教育者对其开展教育的实际效果。第二，对大学生思想行为的教育引导也可能是一种反向退化。学生作为认识的主体，在教育者的引导下会不断重组构建自身的知识结构。但是，不同的学生个体会对相同的教育内容产生不同理解，在教育内化的过程中可能发生教育效果的变异。例如，高校在开展党的民族宗教政策解读、经济困难学生帮扶、学业危机学生处理等工作的过程中，如对教育对象的实际情况和特点把握不足，缺乏业务工作技巧，则有可能引发学生的心理健康危机或在意识形态领域产生错误极端思想，出现教育引导效果的反向退化。第三，对大学生思想行为的教育引导还可能是一种无限接近正向或反向的持续变化过程。人的社会阅历、个体道德、知识结构都是在不断构建的过程中得以拓展和加深的，这个过程是学生与教育者之间不断进行思想碰撞、价值拷问、冲突调整和选择适应的过程。教育效果可能是在学生思想认识层面的隐性影响与学生自我调适转化成为理性实践的显性成果之间不断变化。

（二）“00后”大学生思想行为教育引导有效性的层次结构

对“00后”大学生的思想行为展开教育和引导，是一个教育环节内部系统与外部要素相互协调作用的有机整体，其有效性既依赖于教育全流程是否完善、科学，也依赖于教育要素之教育者、受教育对象、教育内容、教育媒介或渠道等设置安排是否合理，还依赖于特定的高校环境和复杂的社会条件。因此，研究“00后”大学生思想行为教育引导结果的有效性应当围绕教育者、受教育者、整体环境三个方面展开。

从教育者的视角来看，教育结果的有效性取决于“00后”大学生群体是否在理想、信仰、人格、行为等方面达到了学校所要求的教育目标，是否形成了反映国家意志和主流意识形态导向的思想道德素养和行为规范。“00后”大学生在接受高校培养后，其思想认识和行为反应越接近教育的目标，说明教育的效果越显著，有效性也越高。反之，如学生在接受教育引导后，其思想或行为并无实质性变化甚至发生倒退，则说明教育结果的有效性较差。

从受教育者视角来看，他们才是教育结果的最终体现者。“00后”兑现教育结果有效性可分为三个子层次。第一层是思想认识表层的有效接纳。若教育者传递的教育信息能够满足“00后”大学生群体的知识需求，则学生会产生新的自我认知构建，进而提高自身的思想水平。第二层是思想认识深层的情感共鸣。若教育者能够满足“00后”大学生群体的精神诉求，则学生会超越现实反思自身价值，冲破迷茫的藩篱和偏见的禁锢，完成自我觉醒，并将全社会的意愿和意志融入自身的道德价值体系。第三层是思想终极外化的知行合一。若教育者能够满足“00后”大学生群体的发展追求，则学生会将内化的个体意识转化为外在的自觉行动，这是教育效果最直接的体现。

从整体环境视角来看，马克思主义认为，个人的发展与社会的进步是一致的，社会价值与个体价值是辩证统一的。因此，教育结果的有效性一方面体现在高校的内部环境中，另一方面也强调对高校外部环境中的整个社会产生价值效果。高校面向“00后”大学生群体进行思想行为的教育引导，既是落实“立德树人”根本任务的现实体现，又是科教兴国的重要方面。高校须为政党执政奠定坚实的思想基础，传播社会主流价值观，动员和凝聚新时代“00后”青年大学生的思想共识和社会认同，促进“00后”在社会整体道德水准下提升个人的内化与外化程度，实现个体价值与社会价值的高度统一。

综上所述，对于“00后”大学生思想行为教育引导结果有效性的研究，需要站在教育者、受教育者、整体环境的视角综合分析，三者相互促进、彼此影响，互为有机整体。若想提升教育引导结果的有效性，既要充分考虑教育者设定的教育目标，也要促进受教育者在认知、精神层次的递进渗透，实现行为转化，更要注重高校和社会环境对于教育主客体的作用与反作用，如图7-1所示。

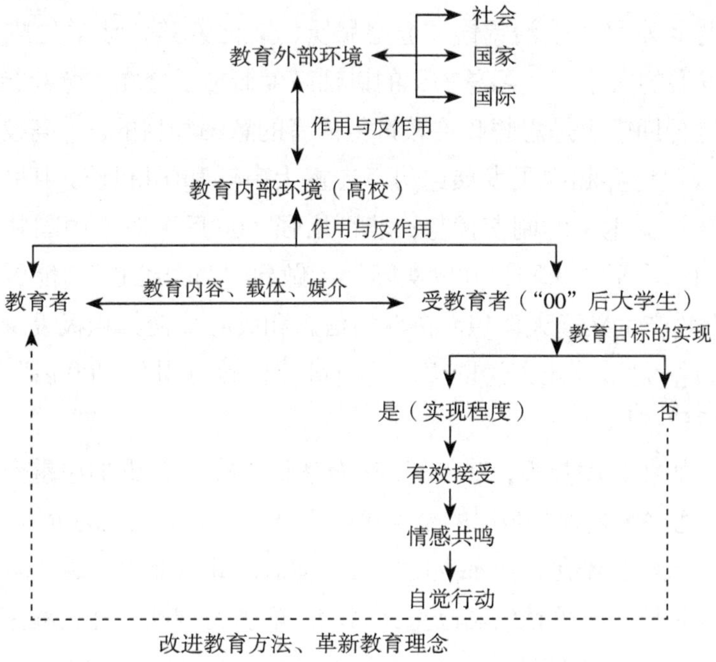

图7-1 “00后”大学生思想行为教育结果有效性结构图

（三）“00后”大学生思想行为教育引导有效性的基本评价标准

实验心理学家卡尔·霍夫兰在个人差异论中提出，受众在生理、心理、认知、价值观、文化、职业等方面存在的差异，会导致对相同信息产生不同理解。“有效性”即“实效性”，就其本质而言，不是直接对语义层面的概念对象进行性状事实的阐述，而是从语用的层面，对人的感受、评判进行解释。这说明“有效性”的使用者不同，对于“有效性”的认知也不同。高校面向“00后”大学生开展教育引导，彼此之间的利益诉求、教育地位存在差异，学生作为受众一方，接受程度带有鲜明主观性，也就是主体性。可见，教育者对受教育者需要的满足程度，站在不同评价主体的立场上，会给出不一样的回答，评价标准由此也是不同的。

1. 能否符合国家社会运转的现实需要

第一，习近平总书记在全国高校思想政治工作会议上强调：“思想政治工作从根本上说是做人的工作，必须围绕学生、关照学生、服务学生，不断提高学生思想水平、政治觉悟、道德品质、文化素养，让学生成为德才兼备、全面发展的人才。”① 习总书记的讲话高度概括了全党、全社会对大学生的期望，这种期望也是思想政治教育传播者的意图和目的。② 高校能否教育学生正确认识世界和中国发展趋势，在重大事件和国际比较中引导学生认清中国特色社会主义的制度优势；能否增强“00后”对于中国共产党执政地位、能力、水平的认同，并以实际行动做到“两个维护”；能否不断增强“00后”为共产主义远大理想而奋斗的信念和决心，使其积极投身民族复兴大业，不负全党和全社会的期望，是衡量高校教育引导“00后”大学生思想行为的重要指标。

第二，从社会动员看，“00后”在潜意识中往往会更加注重个人意识表达的效果，思考如何保护自己的个人权益，努力实现个性化的价值追求。③ 每个“00后”大学生都是一个独立的社会个体。因此，能否克服“00后”大学生个体需求差异，改善精致利己主义者增多的教育现状；能否凝聚共识、汇

---

① 习近平．把思想政治工作贯穿教育教学全过程，开创我国高等教育事业发展新局面 [N]. 人民日报，2016-12-09（1）.

② 任艳妮．大学生思想政治教育传播有效性研究 [M]. 北京：中国社会科学出版社，2019.

③ 沈千帆，付坤，马立民，等．“00后”大学生的群体特征及教育策略［J］. 学校党建与思想教育，2019（24）：55-56.

聚力量，使无序、松散的学生个体形成统一的社会认识，主动践行社会主义核心价值观，遵守和维护全社会共同的价值理念和运行规则，是衡量高校对“00后”大学生思想行为教育引导结果是否有效的又一个重要指标。

2. 能否实现教育主体的预期目标

第一，高校各级党委在党中央和地方政府的坚强领导下，牢牢掌握着党对高校工作的领导权，尤其是对“00后”大学生群体开展思想政治工作的主导权。高校党委要坚持扎根中国大地办大学，努力将“00后”这一时代新人培养成为德、智、体、美、劳全面发展的社会主义建设者和接班人。高校能否落实好“立德树人”根本任务，全面提升“00后”大学生理想、道德、文化、纪律等综合素质，培养出具有鲜明新时代特征、满足新时代发展需要、有能力应对新时代社会主义事业挑战的合格人才，体现了“00后”大学生思想行为教育引导的正当性和内在性要求，是衡量教育实施者育人有效性的核心标准。

第二，高校党委学工部、研工部、校团委、各二级教学科研机构辅导员、教务员、班主任等管理者，是教育、管理、服务“00后”大学生的主要群体。这些教育管理者能否整合课程和教师资源，在组织育人、实践育人、心理育人、资助育人等多方面培养“00后”大学生的思想品格和综合素养；能否与校内其他职能部门加强协作联动，实现协同育人，深化“三全育人”综合改革；能否认真听取“00后”大学生意见，关注学生思想动态，在日常工作中敏锐预判苗头性问题；能否改善灌输式教育，让“00后”大学生乐于接受、易于理解教育内容，体现了“00后”大学生思想行为教育引导的多样性与综合性要求，是衡量教育实施者育人有效性的关键标准。

第三，高校思想政治理论课教师、专业课教师、客座讲师等教育者，肩负着全面、系统传授新科学、新知识、新技能、新理念、新方法，传播中国传统文化和世界文明的神圣使命。这些专业人员能否以德施教，在思政课教学、课程思政、竞赛指导等教育教学过程中，将教学目标与育人目标高度融合；能否以德育德，指导“00后”大学生健康成长，塑造“00后”大学生美好心灵，成为“00后”大学生严谨笃学、追求真理的楷模，体现了“00后”大学生思想行为教育引导的针对性与艺术性要求，是衡量教育实施者育人有效性的基础标准。

3. 能否满足学生受众的成长需求

第一，从“00后”的知识需求看，“00后”父母中受过高中及以上教育的占59%[①]，他们更加注重子女的文化教育和素质培养，这使得“00后”享有比前几代人更好的教育资源，探求广袤知识天地的渴望也更加强烈。当今世界的网络信息技术发展迅猛，作为网络时代“原住民”的“00后”成长于信息大爆炸时代，对于信息多渠道、广范围、快传播的要求更高，具有更强的知识获取能力和网络技术应用能力。由此，不仅教育者所传播的教育内容应当满足“00后”对科学、技术、文化、哲学、社会学等多学科领域知识的需求，契合学生对社会规则、政策制度解读的主观需要，而且，教育者所选择的教育媒介和所采取的教育手段也必须达到移动互联网新时代青年人提出的诉求标准。要在新媒体环境中针对“00后”网络行为多样化的特点，构建符合他们接纳、理解、记忆、重构教育信息的选择心理和认知规律。

第二，从“00后”的精神需求看，个人的道德品质和心理健康至关重要。“00后”成长过程中物质条件相对丰富，同时，在独生子女政策的影响下，多数从小就是家庭的中心，对父母依赖程度高。他们中的很多人经受挫折少，内心脆弱敏感，易偏激，怕失败，这反映出“00后”群体的心理还不够成熟。因此，教育者在传授科学知识的同时，还应当不断满足“00后”丰富的社交情感和心理健康等方面的精神需求，使他们在被认可、被关爱、被鼓励方面得到必要的精神支持，在内化科学精神、政治信仰、道德情操的过程中得到强大的精神动力，进而形成高度的集体主义、爱国主义精神和强烈的社会责任感，养成正确、稳定的价值判断思维习惯。

第三，从“00后”的发展需求看，“00后”是一个意气风发、朝气蓬勃的群体，但是在抵制极端个人主义、拜金主义、享乐主义方面，还缺乏强大的判断力、意志力，很多人对自身发展的定位还不够准确，思路还不够清晰，规划还不够合理，在持之以恒、坚持不懈方面有时不能做到知行合一。可见，教育实施者对“00后”开展教育引导，必须满足受教育者渴求找准前进方向及科学规划人生蓝图的发展需求，激励他们将内化的思想教育成果不断转化

---

① 贾劲松．加强“00后”大学生理想信念教育研究［J］．学周刊，2018（34）：26-27.

为外化的行动实践。在内化与外化的反复修炼中，应满足“00 后”对养成良好行为习惯的期望，为“00 后”大学生成长成才提供坚强的教育保障。

二、大学生思想政治教育工作考核体系探究——以北京工业大学为例

近年来，北京工业大学始终坚持以习近平新时代中国特色社会主义思想为指导，准确把握党的十九大会议提出的新任务新要求，认真学习领会和贯彻落实习近平总书记一系列重要讲话精神。在人才培养过程中，北京工业大学始终本着“育人为本，德育为先”的教育理念，着眼“00 后”大学生发展，从工作理念、内容、方法、模式上不断创新，逐步构成以理想信念教育为核心、以爱国主义教育为重点、以思想道德建设为基础、以素质教育推动全面发展为目标的思想政治教育工作体系，确立了符合学校学生特点的知识、能力、素质协调发展、共同提高的教育观。学校在实践中坚持“四个融合”的理念，着力推进“四个工程”的实施，不断加强辅导员队伍建设，切实建立起“全员育人、全方位育人、全过程育人”的工作格局，不断推进工作创新，切实地加强和改进以“00 后”为主体的大学生思想政治教育工作，并取得了显著的成效。

（一）大学生思想政治教育工作理念

大学生思想政治教育工作应坚持“四个融合”的理念，树立与时俱进的素质教育观。

（1）与学生的精神塑造相融合

素质教育的目的是要培养一种品格健全的人，对“00 后”大学生进行素质教育的核心就是对其进行基本价值观的精神塑造，帮助他们树立探求真理的执着信念，甘于奉献的做人准则和追求崇高的审美情趣。因此，学校在实施和深化素质教育中，始终坚持与学生的精神塑造相融合。

（2）与学校的办学定位相融合

北京工业大学作为北京市属重点大学，学生多数来自北京，毕业后多数在北京就业。学校把素质教育与“立足北京，服务北京，辐射全国，面向世

界"的办学定位相融合，围绕"人文北京、科技北京、绿色北京"和世界城市的建设，培养适应北京经济与社会发展需要的人才资源，使以"00后"为主体的大学生既能够以自己的专业特长为首都的行业发展和城市建设贡献力量，又能够在学习、工作和生活中传播科学思想、传承民族精神、弘扬先进文化、普及科学知识、促进社会主义和谐社会和良好文化环境形成，提升社会整体的知识品位、文化品位和精神品位。

（3）与学校的人才培养目标相融合

北京工业大学是首批教育部"卓越工程师教育培养计划"试点高校之一，以培养"应用性创新人才"和"卓越工程师"为主要目标。随着中国社会逐步进入工业化后期，部分发达地区进入后工业时期，社会对技术和产品的需求从单纯对功能的需求上升到对功能与文化需求兼并的层次，缺乏文化品位的技术和产品在市场上越来越缺乏竞争力。这就要求我们在培养工程技术人才时，高度重视工程素质和人文素质的融合，让我们培养的工程师真正成为有文化、高品位的卓越工程师。

（4）与学生的个性发展相融合

北京工业大学长期以来注重学生各项素质均衡发展的同时也尊重个性差异，激活个性发展，提出"德才兼备，卓尔不群"的个性人才发展培养目标。根据"00后"人才成长规律和社会发展的需求，学校有针对性地帮助每个学生在学习内容、学习方法、发展方向等方面，做出科学的规划和准确的选择，从而使每个学生独有的潜质得到发挥和张扬。学校将"一切为了每一位学生发展"的理念贯穿于学生个性发展的全过程。在尊重"00后"学生个性的基础之上，学校积极为学生多样化发展的实现提供源源不断的动力支持，激发其主体性、主动性和能动性，注重培养学生的创造性思维，突破传统教育的局限，帮助实现学生自我完善和个性发展。

（二）大学生思想政治教育工作主要举措

1. 突出引领，发挥先导，实施"塑魂育人工程"

（1）推进学生党团班协同建设机制

学校立足于学生不同阶段、不同场域的成长需求，完善党团班协同工作机制，实施“十百基层”先锋计划，突出学生党建思想引领作用，以党建带动团支部、班级建设，通过以评促建、整合教育资源，不断提升大学生基层组织凝聚力和战斗力。2016—2019年开展“百强团建领航计划”、2018—2019年开展“百强示范班评选”、2019年开展“百强学生党支部评选”及红色“1+1”活动，搭建学生支部和社会支部共建平台。

（2）拓展主题教育品牌活动内涵

学校在思想政治教育工作的实践中，以满足学生的发展需求为着眼点，逐步构建了以“立德、立业、立人”、“我的中国梦”（2015年）、“践行社会主义核心价值观，争做工大好学生”（2016年）、“青春遇见十九大，砥砺奋进跟党走”（2017年）、“不忘初心，牢记使命”（2018年）、“砥砺奋进七十载，青春奋斗正当时”（2019年）、“奋进新时代、担当新使命、铸就新作为”（2020年）为核心的主题教育，形成了一系列具有北京工业大学特色的主题教育。通过开展系统、科学、轻松的主题教育活动，不断增强了思想政治教育的实效性。

（3）开展三段式新生教育

学校深化三段式新生教育模式，实施新生引航工程，开展分段式新生教育，并组织学生发展状况问卷调查，问卷填写率每年达90%以上。同时，全面分析大学生发展状况，撰写《北京工业大学教学质量与学生发展报告》，探寻新生工作规律，为新生工作的开展和改进提供参考依据。2020年整合完善新生教育工作，发布《北京工业大学2020级“彩虹桥”新生教育工作指导性意见》。

（4）组织青年马克思主义者培养工程班（学生）

学校通过“金字塔式”学生干部培养体系，依托“学生骨干计划”及“新生英才计划”培养平台，以新生骨干、学生干部骨干、学生党员骨干为对象，培养其过硬的思想政治素质、政策理论水平、创新能力、实践能力和组织协调能力，引导其发挥带头作用，号召全体大学生做坚定的青年马克思主义者，成为中国特色社会主义事业合格建设者和可靠接班人。

（5）以重大活动为契机，充分发挥社会实践在爱国主义教育中的重要作用

学校以全面参与中华人民共和国成立70周年庆祝活动为契机，深化爱国

主义教育，培养学生家国情怀。学校将国庆游行方阵训练期间的爱国主义教育拓展延伸到日常思政教育、学风建设、校园文化等多方面，借助纪念册、视频、话剧、展览、主题观影、座谈会等丰富多样的形式，将线上宣传辅以线下推广，激发了广大学生的报国志及爱校荣校之心，引导学生用实际行动表达对祖国的热爱。

学校还积极响应党和国家号召，引领学生在疫情防控中展现志愿精神和青春力量。通过疫情期间的思想引领，在学校党委领导与号召下，“00后”青年以各种形式积极投身疫情防控，充分展现了北工大青年的精神风貌。疫情期间，近5000名同学向社区报到，充实到社区防控力量当中，成立了湖北学生临时团支部和在校学生临时团支部，向全校团学干部发起“战疫”倡议书，并前往核酸检测点，开展志愿服务，参加无偿献血、捐款捐物等工作。

2. 突出特色，夯实基础，实施“文化育人工程”

（1）深化文化素质教育课程改革

学校不断深化素质教育课程改革，组织开设自然科学类、社会科学类、人文艺术类、经济管理类、工程技术类以及体育、外语等系列的通识教育选修课程；减少了必修课学时，加大了选修课比重，拓宽了学生知识背景，促进文理交融；加强学生综合素质培养，建设了一批优质选修课资源，特别是人文、经济、管理、法学、艺术、提高性外语、提高性数学、文献检索和现代教育技术等课程。

（2）开拓校园文化建设有效途径

每年通过举办校园文化节和科技节这两个校园文化品牌、毕业生歌会和校园歌手大赛这两个音乐品牌以及开学典礼、毕业典礼、颁奖典礼这三大典礼，精细化开展学生事务工作，围绕学生、服务学生，为学生营造归属感，有效地提升了校园文化的吸引力、感染力和影响力，增强了文化育人的实效性。

（3）搭建高雅艺术教育平台

积极推进校园文化建设，大力弘扬中国传统文化，创建“引领品位、感染有力、辐射全体”的“双金字塔式”艺术教育普及模式。联合学校相关部门、各学院以及学生组织每年举办校园文化节，覆盖全校师生万余人。通过建立“市级、校级、院级”的三级大学生艺术团体，提升校内外文化交流的辐射性。

3. 突出创新，提升竞争力，实施“创新育人工程”

（1）构建多维度的学生科技创新体系

围绕学校高素质创新拔尖人才培养目标，以“星火基金”等为品牌，以“挑战杯”等赛事为龙头，以“鼎新杯”等系列竞赛为依托，构建学生科创“基金—竞赛—实践”工作体系，营造浓厚的校园科创氛围，不断提升大学生科学精神和创新能力。

（2）构建分层次的学业辅导体系

学校建立了大学生学业辅导中心，完成《北京工业大学关于推进学业指导工作的实施方案》，开展杰出学子计划、公共基础课辅导计划、学困生帮扶计划，举办新生工作坊、学习委员培训等活动。加强学业辅导队伍建设，建设学生朋辈讲师团队，学业辅导室、学业辅导员团队。继续开设学生事务辅导室，聘请经验丰富的退休教师为学生“坐诊”，招募学校首届“学业朋辈讲师”，在学生中营造自我管理、自我教育的和谐气氛。牵头成立了北京市高等教育协会学业辅导研究分会，并承担秘书处工作，为学生学业辅导不断贡献力量。

4. 突出能力，拓展空间，实施“实践育人工程”

（1）构建社会实践与志愿服务体系

一是构建日常志愿服务、大型活动志愿服务、国际志愿服务工作体系。每年组织100多名青年开展国际志愿服务活动，同时积极开展北京工业大学国际志愿服务中国营项目，引导青年在国际志愿服务中强化“四个正确认识”。二是开展各类专题社会实践。开展“聚焦北京”社会实践，针对首都新城市战略定位调整，围绕首都“四个中心”建设，结合学生专业设计实践主题，实现北京16个区县社会实践全覆盖，引导青年在实践中深入学习习近平总书记对北京工作的重要指示精神。开展习近平新时代中国特色社会主义思想专题社会实践，组织青年到梁家河、正定、宁德等地，结合实践学习《习近平谈治国理政》《摆脱贫困》《之江新语》等书籍。三是做好学生就业见习工作。建立青年就业创业见习基地66个，其中团中央级别见习基地2个，团市委级别见习基地3个，每年向全校学生提供见习岗位500余个。

（2）构建就业辅导与创业教育体系

学校积极响应“大众创业，万众创新”的号召，实施创新育人工程。积极推进星火基金和国家级大学生创新创业训练计划项目的累进孵化，推动优秀作品在全国挑战杯、创青春竞赛上取得佳绩。

5. 搭建平台，推进辅导员队伍的专业化建设

学校持续加强重视辅导员队伍建设工作，以培养专业化、职业化辅导员队伍为目标。配合人事处完成各年度辅导员社会公开招聘工作，完成社区辅导员的配备工作。依托专门机构和专业训练体系，对辅导员进行科学的管理和培养。通过发展专职辅导员的专业素质，形成专业的培养制度和管理制度，提高专职辅导员的工作水平。建立"学生党建工作原理与方法""思想政治教育与管理""学生发展辅导原理与方法""素质教育理论与实践""高校学生事务管理"五个辅导员学术团队，加强学生工作的管理和研究，为辅导员提供专业化发展平台，为学生提供个性化、专业化的深度辅导，以打造专业化辅导员团队为目标，培养专家型辅导员人才。学校设立辅导员工作室，截至2019年已有辅导员工作室14个。

2018年修订《北京工业大学辅导员队伍建设实施办法》，明确辅导员九大工作职责和工作内容；2017年制定《北京工业大学处级辅导员选拔任用实施办法》，2018年6月启动第一批处级辅导员选拔工作，聘任1名正处级辅导员，2名副处级辅导员，建立处级辅导员对新上岗辅导员督导机制；制定《北京工业大学北京工业大学专职辅导员专业技术职务聘任实施办法（2009）》，大学生思想政治教育系列职称评审单列指标，单独评审。

实施辅导员"十个一"工程，坚持要求辅导员开展面对学生的一对一的深度辅导，在辅导员中开展"三走"活动，即走进教室、走进宿舍、走进操场，切实"走向学生"，解决学生的日常实际问题。设立社区辅导员50人，每天轮流值班，解决学生生活区出现的问题及突发事件；设立第三批政治辅导员共计17人，深入各学院把握学生思想行为特点，开展学生思想政治工作。

学校将培养和造就一支"政治强、业务精、纪律严、作风正"的专业化、职业化辅导员队伍和高素质的学生工作后备干部队伍作为总体目标，分层次、分类别、多渠道、多形式地开展新上岗辅导员培训、"学业辅导"专题培训和辅导员日常培训。开展北工大系列学业辅导培训，包括学业辅导体系介绍、

学业辅导工作方法、心理学视角下的学业辅导等；学生心理发展指导中心定期对辅导员尤其是新任辅导员开展学生心理问题的应对及自身心理保健方面的培训；全额资助辅导员参加国家心理二级和三级心理咨询师培训和考试；资助或选派有经验的辅导员参加国内外心理技能提升的专业培训；与北京协和医学院等签订合作协议，每月举办一次四校联合督导和每月两次的案例讨论会。

（三）建设大学生思想政治教育工作考核体系

为完善学校考核管理制度的要求，建立与现代大学制度相适应的考核管理制度，进一步提高大学生思想政治教育工作规范化、科学化水平，提升大学生思想政治教育质量，学校应根据《北京工业大学考核办法（试行）》（工大党政发〔2020〕2号）、《二级教学科研机构党建工作考核实施细则》来完善“大学生思想政治教育工作”。

总体考核标准是从宏观和整体意义上来确定“00后”思想政治教育的基本原则，包括引导“00后”大学生掌握马克思主义的立场、观点和方法，树立正确的人生观、世界观和价值观；能从“00后”大学生的需要出发，引导其身心健康发展；能引导“00后”大学生用马克思主义的方法论来认识世界和改造世界。

1. 组织领导（13分）

主要检查二级党委实施思想政治教育工作情况和年度工作总体规划及部署情况。

（1）工作定位与思路（5分）

要把大学生思想政治教育工作纳入学校事业发展规划；把大学生思想政治工作纳入本单位党委年度工作计划，有明确分工和年度考核指标。把“育人为本，德育为先”作为师德考核的一项内容，在学院（部）职工考核方案中有具体体现。学院积极参与“立德树人”我心中最喜爱的老师评选，有获得“立德树人”我心中最喜爱的老师奖。

（2）领导体制与工作机制（8分）

院级大学生思想政治教育工作领导小组组织健全，学院党委每学期至少召开一次专门工作会。有落实学校大学生思想政治教育工作有关制度的实施办法。建立辅导员和班主任、研究生辅导员与导师沟通机制。院级大学生思想政治教育工作体系完整，大学生思想政治教育工作年初有计划、年末有总结。

2. 队伍建设（42分）

要求辅导员认真履行工作职责，理论联系实际，创新工作方法，充分发挥指导者和引路人的作用。积极动员学生干部，使之成为引领大学生健康成长的重要力量。

（1）辅导员队伍建设（32分）

按师生比不低于1∶200设置专、本、研辅导员（含聘任制专职辅导员、全职兼职辅导员以及按3∶1配比的兼职辅导员）。团委配有专职书记。辅导员参加校级以上培训学时达到40学时。在校发岗贴的基础上学院有给予辅导员的其他待遇辅助政策。学院辅导员参加辅导员工作室工作或有辅导员工作室负责人。学院有辅导员工作的管理文件，完善配套相关制度，并确保各项要求落实到位。辅导员均有学术研究方向，积极参加学术团队活动，参与思想政治教育课题。

（2）学生干部队伍建设（10分）

有健全的党团学组织机构。定期开展学生干部培训。有院级学生干部队伍培养体系以及学生干部选拔、培养和考核管理办法。

3. 课堂外思想政治教育（106分）

主要考察理想信念教育、爱国主义教育、公民道德教育、素质教育等的实施情况，在广大大学生群体中弘扬主旋律、进行思想政治教育。

（1）主题教育（30分）

学院积极参与学校主题教育活动及科技节、学术月等活动，并制订工作方案；形成工作简报、进行成果展示；组织活动总结。学院积极探索形成结合学生特点和学院实际特色的品牌活动，并取得良好效果。学院利用新媒体网络平台开展网络思想政治教育活动，利用微信公众号制作微信推送；新闻网、信息门户等平台定期发布工作信息等。主题教育成果参加校级及以上评选活动。

（2）新生教育（14分）

学院定期召开新生工作专题会议，有新生工作方案和新生工作自评报告总结。落实学校关于新生教育工作的全校引导性教育活动，结合学院特点开展系列教育活动，营造新生教育的良好氛围。院长、学科带头人为新生上第一课。本科新生发展状况问卷调查参测率达学校要求及以上；按要求组织新生完成校规校纪考试。定期开展新生座谈会；开展新生对教育、教学活动满意度调查。

（3）班级建设（17分）

以班级为载体开展思想建设、学风建设；开展诚信教育。进行班级文化建设，鼓励打造符合班级特色的文化品牌活动或制度。形成党支部或党小组与团支部、班委会协同工作机制方案并实施。按要求参与“百强示范班”建设，培育优秀班集体。有校级十佳班集体奖励；有校级十佳班集体提名奖励。入围北京高校“我的班级我的家”优秀班集体创建评选活动。

（4）学生发展指导（30分）

定期上报心理危机报表和及时有效处理心理危机学生；积极组织学生参与心理普查和约谈工作；积极举办和参加心理健康宣传教育活动；积极组织和参加心理委员培训。学院定期统计学困生数据并及时实施帮扶，认真开展“杰出学子”计划、星火基金项目、研究生科技基金项目等。学院积极组织学生参加学业辅导活动或组织学院特色的学业辅导活动，调动专任教师积极性。学院制定有资助相关制度、家庭经济困难生资格认定档案齐全、各类资助工作流程规范、开展资助育人活动、按照要求报送各种资助材料。

（5）国防教育与征兵工作（15分）

配备专人（专职或兼职）负责学院国防与安全教育工作，完成大学生军训、征兵和相关的国防教育工作。有维护学生安全稳定的综合防控机制和突发事件紧急处置预案，处理及时妥当，经常性开展学生安全教育。

4. 共青团工作（50分）

积极做好团学工作，充分发挥志愿服务、公益活动等社会实践活动的教育作用，把丰富多彩、积极向上的学术、科技、体育、艺术和娱乐活动发展成为助力大学生成长的重要内容。

（1）思想引领与基层组织建设（20分）

组织团员青年学习党、团的基本理论知识和会议精神。以重大历史纪念日、节日为契机，监督和指导各团支部开展主题教育活动。有健全的基层团组织体系，按照要求开展好发展团员、团费收缴、团内统计等基础团建工作，指导团支部按照要求开展“三会两制一课”等日常活动，有完善的“推优”工作制度。严格执行团的代表大会、学生代表大会定期召开制度。全面推行班级团支部与班委会一体化运行机制。学院（部）配有专职团委书记，按照管理重点岗配备管理；建立从青年教师中选任至少1名兼职副书记、从学生中选任至少2名兼职副书记的制度。院级党委每年至少召开1次专题会议研究团的工作。

（2）科技实践（10分）

有健全的学生科技创新工作机制，定期开展学生科技创新宣传普及活动。积极组织参加“鼎新杯”大赛，获得“鼎新杯”及优胜杯；有作品进入复赛。积极做好“星火基金”的选拔、中期及结题考核工作，结题率不低于90%。积极做好“国家大学生创新创业训练计划”的选拔、中期及结题考核工作，结题率不低于80%。

（3）社会实践与志愿服务（10分）

按照要求组织开展暑期社会实践，至少组织1支社会实践团队；积极参与团中央、团市委各类社会实践活动评选工作，获得校级及以上社会实践奖项。认真组织国际志愿服务、大型活动志愿服务工作，参与学生一经遴选进入相关服务项目，不能无故弃权。有院级志愿者组织，做好志愿北京平台注册、志愿活动申报及志愿服务时长认证等工作。有校级就业创业见习基地，基地每期提供不少于30个岗位。

（4）美育教育及文体活动（10分）

积极参与校园文化节相关活动，有品牌活动展示且每学年至少开展院级校园文化活动4场；获文化繁荣贡献奖或优秀组织奖；获五四艺术展演各级别奖项。根据学院特色，制订美育教育工作方案，组织参加美育实践活动。建立院级学生文艺团体，保障日常训练并参加学校及以上级别的相关文艺活动。建立院级学生体育运动队，保障日常训练，制订学院体育锻炼计划，每周至少组织1项学生体育运动；积极参加相关学校及以上级别的体育活动。

5. 条件保障（19分）

确保针对大学生的各项思想政治教育活动顺利、有效开展。

（1）学生体质健康（5分）

通过学生参加体质测试检测。

（2）学生教育活动经费投入（2分）

要求有大学生思想政治教育工作专门经费。

（3）安全稳定（2分）

有维护学生安全稳定的综合防控机制和突发事件紧急处置预案，处理及时妥当，经常性开展学生安全教育。

（4）学工系统信息维护工作（10分）

按要求通过学工系统开展工作。每学期初完成系统中辅导员和学生的信息更新，之后有学籍异动情况，逐一进行更新，保证信息真实、准确。各项考核指标分值详细情况可见附录4。

可以把开展思想政治工作考核，作为验证“00后”大学生思想政治教育是否有效的重要参考指标，期望达到使“00后”大学生的政治观点正确，政治态度积极向上，人生观、世界观、价值观和国家的发展与需要相结合，与爱国主义、集体主义和社会主义的主旋律一致，使“00后”大学生健康成长，为祖国的建设贡献自己的力量。还应切实加强和改进大学生思想政治教育工作，培养造就千千万万具有高尚思想品质和良好道德修养、掌握现代化建设所需要的丰富知识和扎实本领的优秀人才，使“00后”大学生们能够与时代同步伐、与祖国共命运、与人民齐奋斗，确保实现全面建设小康社会，进而实现现代化的宏伟目标，确保实现中华民族伟大复兴。

（四）大学生思想政治教育工作实效

1. 坚定了大学生理想信念，强化青年责任担当

北京工业大学准确把握新时代党的建设总要求，牢固树立了学生“四个意识”，以习近平新时代中国特色社会主义思想和党的十九大精神为指引，全

面贯彻党的教育方针，依托主题教育、新生教育、学生青马工程、大型活动等平台，积极教育引导青年学生正确认识和把握人类社会发展的历史必然性，认识和把握中国特色社会主义的历史必然性，正确认识时代责任和历史使命，把中国特色社会主义的特色和优势有效转化为培养社会主义建设者和接班人的能力。以参与庆祝中华人民共和国成立 70 周年大会为例，学生的民族自豪感和民族自信心有了大幅度提升，有 99.15% 的学生对祖国更加热爱，99.29% 的学生增强了民族自信与民族归属感，99.22% 的学生坚信祖国可以发展得越来越好。

2. 规范了基层学生党组织建设，夯实思想政治工作组织基础

学校不断创新载体、完善管理与评价机制、探索充分发挥党员作用的新途径，使得党群关系更为密切，党组织的凝聚力和战斗力不断增强。2016—2019 年分别累计评选出 207 个百强示范班、261 个优秀团支部、65 个优秀党支部、30 个十佳班集体、45 个标兵团支部、10 个标兵党支部。“红色 1+1”共建活动中，2016—2019 年共有 153 个学生支部申报立项，其中本科生党支部 88 个，近四年共有 75 个项目被市委教工委评为“红色 1+1”示范项目，学校连续 4 年获优秀组织奖称号；2018 年，信息学部 2016 级软件工程方向研究生党支部入选全国高校“百个研究生样板党支部”；2019 年，文法学部高等教育研究院研究生党支部获评“全国党建工作样板支部”。

3. 增强了大学生创新创业意识，综合素质有效提升

学校努力把思想政治教育和科创工作紧密结合，在各项目团队中强化党团组织建设，加强思想引领，把科创团队作为对学生进行思想政治教育的重要平台。截至 2019 年，“星火基金”面向本科生连续开展 20 年，每年立项 400 余项；“国创”开展 11 年，每年资助 100 项重点项目，基本实现学校学生科创教育全覆盖；2016—2019 年学校科技成果展参展的作品数量呈上升趋势，共计 560 余件，每年不断提炼规划特色展区。

4. 丰富了校园文化生活，增进大学生对学校的归属感与荣誉感

校园文化节、科技节、开学典礼、毕业典礼、颁奖典礼等丰富的大型活动有效地提升了校园文化的吸引力、感染力和影响力，增强了文化育人的实效性。以艺术团工作为例，学生艺术团作为以工科学生为主的非特长生艺术

团体，曾多次凭借原创舞蹈、戏剧等高水平艺术作品在全国、北京市大学生艺术展演中获得最高奖项，其中学生舞蹈团在2018年全国大学生艺术展演中荣获全国一等奖，取得了非艺术特长高校的最好成绩；学生合唱团在2018年北京大学生音乐节中荣获混声合唱展演普通甲组金奖；学生交响乐团在2018年北京大学生音乐节中荣获西洋打击乐普通甲组金奖、西乐室内乐普通甲组（弦乐）金奖，提升了校内外文化交流的辐射性。

三、大学生新生教育评估体系探究——以北京工业大学为例

新生教育是高校提高学生适应能力、促进学生行为养成、推动学风建设的重要途径，是提高人才培养质量的重要环节。为帮助新生“扣好大学的第一粒扣子”，高校要在实践中坚持将新生教育与学生的精神塑造相融合、与学生的个性发展相融合、与学校的办学定位相融合、与学校人才培养目标相融合的理念。同时，随着我国高等教育体制改革不断深化与发展，高校多校区已成为一种发展。多校区的办学特色不仅能拓宽高校的办学空间，也为进一步提升学校的办学水平、人才培养质量和整体办学效益带来了机遇与挑战。

随着“00后”步入大学阶段，学生群体的显著时代性差异对新生教育工作提出了更高的要求。如何在新时代环境下引导新生树立正确的人生观、价值观、世界观，帮助新生“扣好人生的第一粒扣子”，研究大学新生的发展特点和有针对性地开展有效的适应性教育是今后工作的重点。

（一）新生教育指导思想及工作思路

根据北京市委教育工委加强新生引航工作的精神要求，学校结合实际和新生特点，统筹资源，自2011年起全面加强和改进新生教育，深入落实新生引航工程。

学校根据新生成长需求特点，将传统的只在新生入学后一个月开展的新生教育前移和后延，构建“前适应—适应—规划”三段式新生教育模式，将新生教育贯穿一整个学年。

“前适应阶段”是指从新生接到录取通知书到入学报道前这一阶段，教育目标是帮助学生做好入学准备。学校要求辅导员和班主任有效利用微信、QQ等新媒体与学生建立联系，成立网络班级；要求学生在暑期完成阅读计划和社会实践计划，并纳入第二课堂学分管理。

“适应”阶段是指大一第一学期，教育目标是帮助学生适应大学生活。学校开设新生研讨课，邀请学科带头人等知名教授为新生进行专业认知教育；实施“大学第一课”计划，由校长和院长亲自为新生讲授第一课；借助“科技节”“文化节”等学校品牌活动，鼓励新生在各个学科领域自由探索；开展“三早一晚”，培养良好生活习惯。

“规划”阶段是指大一第二学期，教育目标是帮助学生做好个人发展规划。学校实施新生行为养成“五个一”工程，深化养成教育；组织学生参加主题党团日活动，坚定理想信念；实施杰出学子新生计划和基础课辅导计划，加强对新生的学业辅导；开展大学生职业生涯规划指导，帮助新生尽早确立职业生涯目标和规划。

为更好地适应京津冀协同发展和首都城市副中心建设的新形势，以及北京市高等教育改革发展的新要求，落实学校“十三五”规划，通州区人民政府与北京工业大学决定加强战略合作，共建通州校区。2017 年 5 月，北京工业大学通州校区管理中心正式成立。通州校区管理中心的主要职责包括：负责通州校区办学的统筹、协调、管理和服务工作；负责通州校区学生党建、思想政治教育的组织管理工作；负责高精尖科技创新平台建设工作的协调与管理；负责通州校区的日常运行及维护建设等工作。管理中心的服务对象为部分学校本科一年级学生。

为进一步做好新形势下的新生教育工作，北京工业大学从实际出发，在已有的新生工作基础上，继续实施新生引航工程。比如，把握当代“00 后”青年思想行为特点，统筹“校本部—通州校区”联合创新举措，引导新生尽快适应新环境学习生活，帮助他们坚定理想信念，明确规划目标，增强学习动力，提高综合素质，并结合《北京工业大学本科生第二课堂管理办法》，促进专业培养目标的达成，强化新生教育的针对性、持续性、系统性、实效性，做好新生的适应和成长。

（二）“00后”新生教育工作主要举措

1. 开展本科新生发展状况问卷调查及追踪调查，全面掌握“00后”新生发展情况及群体特点

北京工业大学作为市属重点大学、211院校、国家一流学科建设高校，自21世纪以来，随着中国高速发展的步伐，迈入了高等教育规模的非常规性、跨越性扩张时期，教育环境发生了巨大的变化。这种变化不仅包括教育形式的多元化、组织的复杂性和学术的差异性，学生群体的多样性也是其中不可忽略的构成要素。在规模扩张的背景下，如何处理好学生数量与质量之间的有效平衡，如何提高教学质量以培养适应时代发展的高品质人才，是北京工业大学教育发展必然面临的问题。

长期以来，我国高校的评估指标体系设计往往忽视评估过程与教学过程之间存在的交互作用，尤其是对于学生心智发展、价值观的培养等方面重视不足，缺乏多元化的教育教学方式研究，过于注重学术教学，因此对于教学工作的评价指标体系，较为偏重教育资源投入与教学产出的描述性指标和终端评估指标。这在一定程度上反映了学校的实力，但无法体现出高校在促进学生积极参与校园活动、培养新时代人才等方面的努力和成效。北京工业大学结合现行存在的教育问题，从学生自身角度出发，针对学生个人发展和对学校教学工作评价进行问卷调查。问卷从多角度入手，全面分析大学生发展状况，与高校教学工作相对应，直观体现出学校对学生教育教学的合理性与正确性，同时为完善高校评估体系做出贡献。

为掌握学生特点、动态，提升学校的核心竞争力，全面提高育人质量，北京工业大学还启动了主题为“高校教学质量与学生发展监测”的研究调查，在借鉴国内外研究成果的基础上，将研究视角从传统的“供给本位”调整为“需求本位”。“高校教学质量与学生发展监测”以人才培养质量提升为核心，涵盖了学校的办学定位与目标、师资队伍、课程设置、教师教学行为、学生课内外学业参与、学业成就等各个环节，不仅对学校教学建设、教学改革、人才培养等整体情况进行评估，也对学校综合实力、办学水平、整体发展进行全面考察，以期加强在关键时期对学校学生的教育和引导，为学校学生提

供有效的帮助和支持，促进其健康成长和科学成才，推进学生工作和研究的提升与完善。具体而言，包括以下目标。

①了解学生：利用调查数据，分析院校学生群体社会属性、升学动机、学习行为与对未来规划的特质与变化，为学校因材施教提供基础资料。

②掌握教学效果：通过对近三年入学学生的调查数据比较，检测监控和评估高校人才培养机制中各项环境的实施现状。深入课堂教学，结合数据分析以发现学校不同课程教学过程中存在的问题，做到有针对性的改进。

③完善教育教学方式：通过对调查结果的分析总结，落实教学诊断与改进，达到提升教学质量的效果。

④提升人才培养质量：掌握学生培养评价反馈、能力知识掌握程度、公民素养和道德价值观等方面的情况，为院校人才培养机制的建构与完善提供建议，为相关决策提供参考依据，从而提升高等教育质量。

以 2020 年为例，为了更加全面地了解学校 2020 级学生的基本情况和群体特点，学校于 2020 年 9 月开展了 2020 级本科新生发展状况调查，调查内容包括高中就读情况、高考情况、大学课业学习、思政课及课程思政评价、大学课余生活和学生发展六个部分。此次调查采取问卷调查的方式，实际发放问卷 3176 份，回收有效问卷 2899 份。随后，学校在 2020 年 10 月展开了对 2019 级新生的追踪调查，旨在为全面准确了解学校 2019 级本科新生的发展状况，以期为新生工作的开展和改进提供参考。

2. 实施 2020 级新生“彩虹桥”教育工作方案，帮助新生“扣好大学的第一粒扣子”

2020 年，为深入学习贯彻习近平新时代中国特色社会主义思想，贯彻落实全国高校思想政治工作会议和习近平总书记关于高校思想政治工作的系列重要论述精神，围绕立德树人根本任务，紧紧抓住培养德智体美劳全面发展的社会主义合格建设者和可靠接班人这一总体目标，北京工业大学以迎接建党 100 周年为契机，以建校 60 周年为机遇，为重点解决好“什么是大学生？该做什么？如何做好？”的思想认识问题，统筹资源，协同联动，科学管理，服务育人，有力推动新生入学教育第二课堂（必修 1 学分）课程建设和学分认定工作，为新生的健康成长和科学成才打下良好基础。

按照《北京工业大学关于加强新生工作的若干意见》（工大党发〔2011〕28号）精神，为加强新生工作组织领导、队伍建设、新生课程建设、新生教育内容、新生工作评估等工作落实，学校成立新生工作领导小组，统筹协调学校新生工作。各学部（院）需成立相应的组织领导机构，建立党政齐抓共管、教师积极参与、学生紧密配合的工作机制和全员、全程育人的良好氛围。

在充分调研和总结经验的基础上，学校积极探索和深化新生教育工作模式，特拟定《2020级新生“彩虹桥”教育工作方案》，以“入学前、大一第一学期、大一第二学期”为时间轴划分三个阶段，着眼“行为养成、人格塑造、理想信念”三个层次开展新生教育工作，旨在增进新生对学校建设发展的“价值认同、目标认同、社会认同”，不断提升“彩虹桥”三段式、三层次、三认同新生教育工作实效，引导新生顺利过渡，完成角色转变和环境适应。

基础层：行为养成教育。

（1）健康安全教育（橙色模块）——健康平安，前“程”无忧

1）模块培养目标：①完成校级必修环节后，新生可建立较强的国家安全意识，能够自觉抵制不良网贷、网络诈骗等信息；做到知法守法，主动远离危险；能知晓学校应急管理和处置流程，建立良好的应急心态；可掌握基本流行传染病预防知识及卫生常识等。

②各学部（院）应在校级必修环节基础上，开设院级选修科目。新生在完成院级选修环节后，能够全面知晓和熟悉学校各项学生管理规定，交通安全意识能够得到显著提升，掌握更多的防火、防爆知识和避险常识；学会警惕社会恶性事件，自觉维护校园安全。

2）必修环节时间：2020年8—10月。

3）学分设置：校级必修环节0.2学分；院级选修由各学部（院）设定学分。

4）必修环节涉及部门：学工部（处）、通州校区管理中心、保卫处、校医院。

5）必修环节内容介绍：①法制安全。总体国家安全观教育，增强新生维护国家安全的意识。加强“校园贷”等不良网贷警示教育，开展反电信网络诈骗宣传活动，强化网络法制和新媒体素养教育。加强马克思主义宗教观教育，引导新生抵御校园非法传教。开展“禁毒防艾”教育，强化新生远离毒

品、珍爱生命的意识。

②国防安全。以国防教育为主线，增强国防观念、国家安全意识、军事思想、地缘战略环境及征兵宣传等。

③卫生健康。传授流行传染病和新冠肺炎防护知识、宿舍生活卫生常识、个人身体健康常识等，介绍校医院就诊、校外就医报销流程等。

④突发事件。结合属地管理要求，介绍消防安全、人身安全、应急处置工作流程及要求等。

6）选修环节说明：选修环节可贯穿整个新生年教育工作。各学部（院）需按照《关于开展2020年秋季学期返校学生疫情防控专题教育工作的通知》落实好主题教育。其他内容可自行设计实施。

（2）知校爱校教育（黄色模块）——甲子有约，六十辉“煌”

1）模块培养目标：①完成校级必修环节后，新生能够了解学校的传统和文化精神，增强全面成长成才的责任感与使命感，树立起科学的世界观、人生观和价值观；能够激发新生爱校荣校的真挚情感和积极参与建校60周年庆祝活动的热情。

②各学部（院）应在校级必修环节基础上，开设院级选修科目。新生在完成院级选修环节后，可全面掌握学校学生管理的各项规章制度，熟悉校史，建立起较强的主人翁意识，愿意参与学校发展建设，知晓反映问题的正当渠道，并掌握正确的方式方法。

2）必修环节时间：2020年9—10月。

3）学分设置：校级必修环节0.2学分；院级选修由各学部（院）设定学分。

4）必修环节涉及部门：学工部（处）、校团委、通州校区管理中心。

5）必修环节内容介绍：①校长第一课。围绕学校办学定位和人才培养目标，利用新生教育的契机讲述大学使命，解读工大精神，寄予殷切期望，激发新生奋进，实现人生理想与价值。

②建校60周年。组织新生参与建校60周年系列庆祝活动，组织校史、校情、校训学习，激发广大学生爱校热情，引导学生树立主人翁意识。

6）选修环节说明：选修环节可贯穿整个新生年教育工作。各学部（院）可自行设计实施。

（3）专业学习教育（绿色模块）——方法得当，“屡”试不爽

1）模块培养目标：①完成校级必修环节后，新生可掌握本科生学籍管理规定重点内容；学会使用学校图书馆馆藏和在线学习资源；能够科学制订个人学年学习计划并形成正确的学习方法。

②各学部（院）应在校级必修环节基础上，开设院级选修科目。新生在完成院级选修环节后，可建立起专业情感和学习兴趣，初步建立完成课题研究或小组作业的方法，获得修好专业课程的学术支持，建立科学合理的学习目标；理解专业培养方案及相关毕业要求等。

2）必修环节时间：2020年9—10月。

3）学分设置：校级必修环节0.1学分；院级选修由各学部（院）设定学分。

4）必修环节涉及部门：学工部（处）、学发中心、教务处、国际交流合作处、图书馆。

5）必修环节内容介绍：①学籍规定。解读学校学籍管理规定（都柏林学院单独组织）。

②国际交流。介绍我校国际交流长期和短期项目的类型与选拔程序等。

③阅读资源。介绍图书馆电子和馆藏资源、进馆须知、借阅指南及研讨室使用规范等。

④学业辅导。介绍学校为新生提供的学习支持与服务措施，开设“新生学习工作坊”系列课程。

6）选修环节负责单位：选修环节可贯穿整个新生年教育工作。各学部（院）根据本单位学科和专业特点设计实施。

提升层：人格塑造培养。

（4）心理资助支持（青色模块）——“青”葱岁月，并肩同行

1）模块培养目标：①完成校级必修环节后，新生可全面熟悉学校各类育人服务和管理措施，了解寻求经济资助和心理帮助的方法和渠道。能基本适应陌生的环境和人际关系，能以适应性和发展性的态度看待问题，能够较好地克服孤独感、自卑感、失落感或懈怠情绪等困扰，养成自我分享、朋辈支持的求助方式。

②各学部（院）应在校级必修环节基础上，开设院级选修科目。新生在

完成院级选修环节后，可掌握更多自我纾解负面情绪的方法及心理危机求助办法，与所在学部（院）、班级或宿舍建立更加牢固的情感纽带，能够正确认知自身身心健康状况，提升对生命的价值认同感，获得更多快乐和自信的精神力量。

2）必修环节时间：2020 年 9 月—2020 年 1 月。

3）学分设置：资助服务部分占 0.1 学分。心理健康部分单独计入校级《大学生心理适应指导》第二课堂（1 学分）。院级选修由各学部（院）设定学分。

4）必修环节涉及部门：学发中心。

5）必修环节内容介绍：①心理指导。提升新生对大学新环境的认知及适应能力，了解常见的心理适应问题及应对策略。

②咨询服务。介绍我校心理健康教育与咨询服务内容，畅通新生心理危机求助渠道。

③普查科普。开展新生心理健康普查和心理健康素质教育宣传科普活动。

④资助服务。介绍国家及学校面向经济困难学生提供的政策与服务，及时帮助新生解决实际困难。

6）选修环节负责单位：选修环节可贯穿整个新生年教育工作。各学部（院）根据本单位学生实际和特点设计实施。

（5）生涯规划教育（蓝色模块）——有的放矢，规划“蓝”图

1）模块培养目标：①完成校级必修环节后，新生可基本掌握规划未来职业生涯的意识与技能，了解如何实现个人发展与社会需求的对接，初步了解求职就业需要做哪些准备。

②各学部（院）应在校级必修环节基础上，开设院级选修科目。新生在完成院级选修环节后，能够了解专业发展方向，可建立终身学习、长远规划的意识，具备时间管理能力，全面提升综合素质。

2）必修环节时间：2020 年 9—12 月。

3）学分设置：校级必修环节 0.1 学分；院级选修由各学部（院）设定学分。

4）必修环节涉及部门：学工部（处）、就创中心。

5）必修环节内容介绍：①生涯规划。培养新生规划未来职业生涯的意识与技能。

②专业实践。通过实践体验，初步感知行业特点，了解高等教育与社会需求、个人发展的对接要求。

6）选修环节负责单位：选修环节可贯穿整个新生年教育工作。各学部（院）可自行设计实施。

（6）综合素质教育（紫色模块）——姹“紫”嫣红，风华正茂

1）模块培养目标：①完成校级必修环节后，新生能够融入新集体，在同学间建立友谊，学会相处，形成正直品格、团队合作意识、社会责任感和集体主义观念。

②各学部（院）应在校级必修环节基础上，开设院级选修科目。新生在完成院级选修环节后，能较快地完成从高中到大学的过渡，养成批判思维习惯，有机会参与社会实践和志愿服务工作，拓宽国际视野，巩固文化自信，激发奋进斗志。

2）必修环节时间：2020年8月—2021年1月。

3）学分设置：校级必修环节0.2学分；院级选修由各学部（院）设定学分。

4）必修环节涉及部门：学工部（处）、校团委、通州校区管理中心。

5）必修环节内容介绍：①校园文化生活。组织开展丰富多彩的各项校园活动。

②新生干部培训。针对新生班、团干部开展培训指导，提升新生学生干部工作水平。

③科技创新与志愿服务。激发新生参与志愿服务、科技竞赛等活动的兴趣，介绍学校相关资源和竞赛开展情况。

④集体主义培养。各学部（院）组织召开破冰班会，选拔班团干部、进行班级文化建设，打造符合班级特色的文化品牌活动，营造优良学风班风。

⑤社会责任意识。通州校区管理中心组织新生参与社会调研与实践，服务通州地区发展建设，树立服务北京意识。

⑥诚信教育。各学部（院）开展诚信宣传、诚信主题班会、诚信考试承诺等教育活动，努力营造“人人知诚信、处处讲诚信”的氛围。

6）选修环节负责单位：选修环节可贯穿整个新生年教育工作。各学部（院）可自行设计实施。

拔高层：坚定理想信念。

（7）理想信念教育（红色模块）——赤“红”理想，筑梦前行

1）模块培养目标：①完成校级必修环节后，新生能够树立科学的世界观、人生观和价值观，增强全面成长成才的责任感与使命感，自觉争做中国特色社会主义的坚定信仰者和忠实实践者。

②各学部（院）应在校级必修环节基础上，开设院级选修科目。新生在完成院级选修环节后，入党积极性显著提升，能够树立起牢固的爱国主义精神，坚定理想信念，深刻理解社会主义核心价值观。

2）必修环节时间：2020 年 8 月—2020 年 1 月。

3）学分设置：校级必修环节 0.1 学分；院级选修由各学部（院）设定学分。

4）必修环节涉及部门：学工部（处）、通州校区管理中心。

5）必修环节内容介绍：①“使命在肩，奋斗有我”。用疫情防控的鲜活案例开展好爱国主义教育。

②青春心向党。介绍申请入党流程，帮助新生端正入党动机。

③学生青马班“新生英才计划”。集中理论教学、晨跑早锻炼、读书分享会、素质拓展、社会实践等。

④升国旗仪式。增强新生民族自豪感和社会责任感，在 2020 级新生中举行升国旗仪式。

6）选修环节负责单位：选修环节可贯穿整个新生年教育工作。各学部（院）需根据自身基层党建工作情况，将学生党员责任分区落地落实。组织高年级学生党员联系大一新生，为其提供多方位的朋辈辅导。其他内容可自行设计实施。

（三）建立新生工作评估指标体系

为完善新生教育长效机制的保障措施，北京工业大学构建了新生工作评估指标体系。学校从领导重视、新生课程与教学、新生教育内容、条件保障、特色工作、工作效果等六个方面对各学部（院）新生教育工作进行深入评估，并将其作为学院人才培养工作的一项指标进行考核，从而建立起新生教育工作的长效机制（表格见附录 5）。

北京工业大学新生教育工作评估标准包括一级指标6项，二级指标7项，评估分值总计100分；评估结论分为A级（分值≥90）优秀，B级（90>分值≥80）良好，C级（80>分值≥60）合格，D级（分值<60）不合格；评估方式为查阅资料、召开座谈会、听课和问卷调查等。

1. 领导重视（10分）

测评要素：学院对新生工作高度重视，纳入学院人才培养体系；有主管学院领导负责，成立专门领导小组，工作机制健全；学院党政会议专题研究，制订专门工作规划并进行部署、检查。

1）检查内容：

①学院新生工作规划，学院新生工作计划和总结；

②工作机构成立文件及学院新生工作会议记录；

③其他工作文件。

2）评估参考：

①没有制订新生工作规划扣1分，缺少新生工作计划和总结各扣0.5—1分；

②没有成立专门领导小组、机构成立不满一年或机构运转不畅扣1—2分；

③研究、部署和检查等环节落实情况不好扣0.5—1分。

2. 新生课程与教学（20分）

1）测评要素：抓好公共基础课的课堂教学工作；各专业都要开设新生研讨课，加强对学生学习方法的指导，推进研究性教学；各学院院长和学科带头人要为新生上好第一节课；提高公共基础课的教学质量，加强课程中间环节的考试，畅通任课教师与班主任和辅导员的沟通渠道；课堂教学情况好。

2）检查内容：

①基础课教学课堂常规情况；

②新生研讨课的开课情况；

③院长、学科带头人新生第一课相关材料；

④新生基础课出勤率、通过率，基础课不及格门次，试读人数情况；

⑤新生辅导员、班主任与任课教师沟通情况。

3）评估参考：

①基础课教学课堂常规不佳扣1—2分；

②新生研讨课开课情况不佳扣 1—2 分；

③院长、学科带头人新生第一课落实不佳扣 1—2 分；

④新生基础课出勤率、通过率低，基础课不及格门次多酌情扣 1—3 分；试读人数基数为学院新生人数的 2%，每增加一人扣 1 分；

⑤新生辅导员、班主任与任课教师沟通情况不佳扣 1—2 分。

3. 新生教育内容（20 分）

1）测评要素：面向全院新生开展大学适应教育、行为养成教育、理想信念教育、专业认知教育、大学文化教育、知校爱校教育为内容的系列教育活动，通过多种形式和渠道，营造新生教育的良好氛围。

2）检查内容：

①近一年学院开展新生教育活动的相关文字音像资料；

②学院新生教育内容丰富，涉及新生教育内容的各个方面；

③新生教育活动学生参与情况。

3）评估参考：

①开展新生教育活动少或形式单一扣 1—3 分；

②新生教育活动学生参与率低扣 1—3 分。

4. 条件保障（20 分）

1）新生工作队伍建设（15 分）测评要素：为每个新生班配备专职辅导员和班主任，其中专职辅导员按师生比 1∶200 配备，班主任按每班一名配备；配备一定数量的兼职人员；选拔学业优秀、素质全面、有奉献精神的优秀研究生和高年级本科生担任新生助理辅导员。

2）检查内容：

①专兼职人员配备情况；

②院长、学科带头人、知名教授、中青年骨干教师参与新生教育工作情况；

③专兼职人员接受培训情况；

④专职人员开展科研、发表与工作相关论文情况。

3）评估参考：

①专职人员配备没有达标，每少 1 人扣 1 分，扣满 3 分为止；

②院长、学科带头人、知名教授、中青年骨干教师参与新生教育工作落实情况不佳扣1—3分；

③专兼职人员接受培训情况不佳扣1—2分；

④专职人员开展科研、发表与工作相关论文情况不佳扣1—2分。

4）经费投入（5分）测评要素：按每年生均经费不少于10元的标准设立新生工作经费，并根据需要配置相应专项经费。

5）检查内容：

①近一年新生工作经费预算及使用情况；

②专项经费及使用情况。

6）评估参考：

①新生工作经费落实未达标，生均经费每少1元扣1分，扣满3分为止；

②没有根据工作需要配置专项经费扣1—2分。

5. 特色工作（10分）

1）测评要素：根据本院学生需要开展有特色的工作，对新生教育发展起到积极促进作用。

2）检查内容：

①体现特色工作的文件、经验总结材料及影像资料；

②特色工作效果及获奖情况。

3）评估参考：无特色工作或特色不突出扣1—5分。

6. 工作效果（20分）

1）测评要素：在校院两级管理模式下，学院的新生工作及各项教育活动能够正常开展，学生能够了解高等教育的目的和大学的使命，明确入学的目的，了解大学的期望；新生很好地完成角色转变，度过新生适应期；学院新生教育工作可持续开展，能够为新生适应提供积极的帮助，为新生营造减少焦虑、有利于积极态度和提高学习兴奋度的氛围。

2）检查内容：

①学生对教学、教育活动的反馈情况；

②学生明确大学期间的目标，能够与师长、同学和其他人建立和谐关系；

③学生可以对学习、实践、社团活动等做出理智选择；

④近一年学生出现突发事件的应对情况；

⑤师生对新生教育工作的知晓度；

⑥学生的精神面貌。

3）评估参考：

①学生对教学、教育活动开展不满意扣1—3分；

②没有给学生提供足够信息和氛围使学生能够做出理智选择的扣1—3分；

③近一年出现学生突发事件后应对情况不佳，出现重大纰漏或事件扣1—3分；

④师生对新生教育工作的知晓度低扣1—2分；

⑤学生精神面貌状况不佳的扣1—2分。

（四）“00后”新生教育工作实效

1. 强化知校、爱校、荣校教育，不断增进新生对学校的认同感与归属感

新生入学教育旨在更好地帮助新生增进对学校的了解，引导新生尽快适应新环境学习生活。数据显示，2019—2021年，学校学生“愿意推荐他人报考我校”的比例基本保持在80%以上，展现出学生对学校的认同感较强。以参与学校建校60周年纪念活动为例，超过85%的学生对学校和老师更加依赖，更加热爱学校并且愿意为之做出贡献。

2. 深化生涯规划教育，不断明确新生的职业发展

新生教育用真实案例诠释生涯规划的作用、意义和价值，帮助学生了解自我、职业和科学的决策方法，指导新生有计划地安排好大学生活。经过培训，大部分新生对专业学习、就业前景等方面的关注度得到了进一步提高。数据显示，2017—2021年，新生的深造热情普遍较高，期望获得硕士以上学历的比例基本保持在40%及以上。

3. 关注心理健康教育，不断提升新生的适应能力

学校开展心理健康教育课程，践行“全员”教育，不断加强学生心理危机管理和干预的规范化和精细化。以2019级学生为例，心理中心面向2694名大一新生开展《大学生心理适应指导》课程，同时打造互动体验心理课，

由学生自编、自导、自演的心理情景剧达 184 场。

4. 加强纪律安全教育，不断规范新生的日常行为

学校以诚信宣传、主题班会、诚信考试承诺等多种形式，营造“人人知诚信、处处讲诚信”的氛围。数据显示，2017—2021 年，学生违纪总人数 43 人，其中当年新生违纪 6 人。对比 5 年学生违纪数据，新生违纪人数逐年降低，近 3 年无新生违纪情况。

附　录

附录1　受教育者视角的时代发展特征访谈提纲

一、受访人基本信息

姓名、性别、年龄、年级、专业、生源地、政治面貌

二、访谈说明

本次访谈是想了解在“00后”大学生成长过程中对其影响较大的社会事件，通过事件分析“00后”大学生生活成长的时代发展特征，这些时代特征对于分析“00后”大学生的思想行为特点有非常重要的意义。

三、访谈内容

（一）重大社会事件

新华网每年都会评选年度十大新闻，因为2000—2007年你们的年龄还比较小，可能对社会事件的了解和感受比较少，所以我们从2008年开始选择了一些跟大家关系比较大的重大社会事件，一起来讨论一下你的看法。

1. 社会事件备选

请选择出在你成长过程中对你影响比较大的3—5个事件。

2008年北京夏季奥运会、2008年汶川地震、2008年西藏拉萨与2009年新疆乌鲁木齐打砸抢烧暴力事件、三鹿奶粉三聚氰胺事件、奥巴马当选美国总统、神州系列载人飞船发射成功等航天事业发展、中国新“四大发明”、

2011 年“7 · 23”甬温线动车事故、2012 年中国拥有第一艘自己的航空母舰“辽宁号”、2012 年“蛟龙”号深潜创新纪录、叙利亚等西亚北非局势、2012 年钓鱼岛事件、2014 年中国成功举办 APEC 北京会议、2014 年首个南京大屠杀死难者国家公祭日、MH370 离奇失踪、2015 年纪念中国人民抗日战争暨世界反法西斯战争胜利 70 周年、屠呦呦获诺贝尔科学奖、习近平与马英九会面、欧洲难民潮、2015 年“两孩”政策放开、2016 年和颐酒店女子遇袭案、2016 年美国大选特朗普上任、2017 年“一带一路”倡议、2017 年雄安新区建设、中国反腐。

2. 访谈提纲

①请具体描述一下这个事件。

②这个事件对你的影响是什么？

③什么样的因素或者说哪些方面导致了对你的影响？

④你当时的感觉是什么样的？

⑤你希望这个事件达成的目标是什么样的？

⑥为了实现这个目标，大家都做了什么？

⑦这个过程中发生了什么？

⑧你如何看待这个过程中不同人的态度？

⑨你在这个过程中具体做了什么？

⑩这个过程中发生了什么？

⑪你如何看待他人对你的态度，如支持、否定、冷漠、投入……？

⑫你觉得你内心最想要的是什么？什么因素影响了你的这些行为与判断？

⑬最后结果怎么样？你当时的感受是什么？

（二）个人成长事件

如果学生对上述事件都不关注，可以请学生结合自身成长经历谈一谈。

请列举你成长过程中，与父母家人（长辈）、学长学姐（朋辈）、同学朋友（同辈）观念或行为不同的三件事。

①请具体说一说这件事。

②那是一个什么样的情境？在这个情境中都有谁参与？

③你们各自的观念是什么？

④什么样的因素导致这些不同的观念？

⑤发生分歧时，你的感觉是什么？

⑥你希望达成的目标是什么样的？

⑦为了实现这个目标你具体做了什么？

⑧这个过程中发生了什么？

⑨你如何看待他们对你的支持/否定/无视……？

⑩你内心最想要的是什么？什么因素影响着你的这些行为？

⑪最后结果怎么样？你当时的感受是什么样的？

⑫你和参与人各自的成长经历是什么样的？（成长环境、学习工作经历、经济条件、社会地位等）

附录2　教育者视角的时代发展特征访谈提纲

一、受访人基本信息

姓名、性别、年龄、专业或学科、单位及岗位、职称（职务）、政治面貌

二、访谈说明

本次访谈是想了解"00后"大学生生活的时代特征，分析"00后"大学生所呈现出的时代发展特征，这些时代特征对于分析"00后"大学生的思想行为特点有非常重要的意义。

三、访谈内容

（一）请列举你有生以来经历过的2—3件国家、学校或家庭发生重大事件的状况及您的理解

①请具体描述一下这个事件。

②这个过程中发生了什么？

③这个事件要达成的目标是什么？

④为了实现这个目标，大家都做了什么？

⑤最后结果怎么样？你当时的感受是什么？

⑥你如何看待这个过程中不同人的态度？

⑦你希望这个事件达成的目标是什么样的？

⑧你在这个过程中具体做了什么？

⑨这个事件对你的影响是什么？

⑩你觉得你内心最想要的是什么？什么因素影响了你的这些行为与判断？

⑪什么样的因素或者说哪些方面对你产生了影响？

⑫你如何看待他人对你的态度？

（二）请列举你成长过程中，与父母家人（长辈）、同学朋友（同辈）观念或行为不同的三件事

①请具体说一说这件事。

②那是一个什么样的情境？在这个情境中都有谁参与？

③你们各自的想法是什么？

④什么样的因素导致这些不同的观念？

⑤发生分歧时，你的感觉是什么？

⑥这个过程中发生了什么？

⑦你如何看待他们对你的支持/否定/无视……？

⑧你希望达成的目标是什么样的？

⑨为了实现这个目标你具体做了什么？

⑩你内心最想要的是什么？什么因素影响着你的这些行为？

⑪最后结果怎么样？你当时的感受是什么样的？

⑫你和参与人各自的成长经历是什么样的？（成长环境、学习工作经历、经济条件、社会地位等）

（三）请列举你从教以来在教学、科研或学生管理中发生的2—3件大事

①请具体描述一下这个事件。

②这个过程中发生了什么?
③这个事件要达成的目标是什么?
④为了实现这个目标,大家都做了什么?
⑤最后结果怎么样?你当时的感受是什么?
⑥你如何看待这个过程中不同人的态度?
⑦你希望这个事件达成的目标是什么样的?
⑧你在这个过程中具体做了什么?
⑨这个事件对你的影响是什么?
⑩你觉得你内心最想要的是什么?什么因素影响了你的这些行为与判断?
⑪什么样的因素或者说哪些方面对你产生了影响?
⑫你如何看待他人对你的态度?

附录3 首都高校“00后”大学生思想行为特征调查问卷

亲爱的同学:

您好!本次问卷调查旨在了解首都高校“00后”大学生的思想行为特征现状,分析其特点并探究其形成原因,进而探讨更加科学的教育方式、方法,对首都高校“00后”大学生的思想行为加以引导。

问卷采用匿名方式,您所提供的情况及信息只用于本课题的研究,希望您可以根据自身的实际情况,如实填写。您的回答无“对”“错”之分,结果不涉及任何评价,请您不要有任何顾虑。谢谢合作!

一、个人基本信息

①您的性别:
②您是否为独生子女:
③您的民族:

④您是“00后”：

⑤您就读的学校：

⑥您来自：A. 城市　B. 农村

⑦您来自：A. 东部地区　B. 中部地区　C. 西部地区

⑧您的家庭年人均收入约为：

⑨您的父母中最高文化程度：

⑩父母对您的教育方式属于：

⑪您和父母的关系：

二、问卷内容

（一）爱国行为与政治信念

①我会主动通过新闻媒体、网络论坛、即时通信工具或其他方式了解时事动态。

②对于爱国情怀我会理性思考，从实际出发，做有利于国家和人民的实事。

③学校组织爱国教育活动我会积极参与。

④如果我听到国歌，我会立即面向国旗站好，行注目礼并唱国歌。

⑤我同意“好好学习，天天向上，做一名德智体美劳全面发展的大学生，为报效祖国奠定基础”。

⑥在国家利益受损时我能勇敢挺身而出，把国家利益放在第一位。

⑦作为当代大学生，我会将爱国精神通过自己的行为带动他人。

（二）学习行为与兴趣

①我能结合课堂所学知识独立完成课程作业。

②在没有人监督的情况下，我会按时完成功课，不偷懒。

③我追求进步，利用各种时间去学习各种知识。

④我认为大学最重要的任务是学习。

⑤我经常会和我周围的同学谈论学习相关问题。

⑥我经常主动参与或组织学习活动。

（三）恋爱与消费

①我赞同“干得好不如嫁（娶）得好”的观点。（反向）

②在恋爱中，我会认真考虑与恋人将来的关系。

③我认为恋爱是因为彼此仰慕、欣赏，希望能建立家庭。

④在挑选恋爱对象时，我觉得品德修养最重要。

⑤在挑选恋爱对象时，我认为共同的志趣最重要。

⑥我去购物时会自带购物袋。

⑦您的零用钱开销一般用于：

⑧您购买名牌产品的频率：

⑨您购买名牌产品的原因：

（四）诚信与友善

①如果申请了国家贷款，我会按时还款。

②我在生活中待人真诚，恪守信诺；凡事言必行，行必果。

③在考试中我想过作弊。（反向题）

④我从未使用过假币。

⑤我认为当代大学生应该具有善良宽容、自强不息的优良品质。

⑥我在路上碰到老师、同学会主动先打招呼。

⑦在公交车上碰到老弱妇孺我会主动让座。

⑧上课的路上遇到保洁阿姨在打扫卫生，我会主动绕开，尽量不要妨碍到她。

（五）社交与实践

①与同学发生矛盾，我会主动去化解矛盾。

②我和同学们相处得很愉快。

③我认为人际关系在大学生活中很重要。

④我愿意去做志愿服务回报社会。

⑤我会经常参与社会公益类活动。

⑥在一个陌生的环境里，我会局促不安。（反向题）

（六）网络行为

①我在网上会出现平时很少的行为，譬如，爆粗口、撒谎。（反向题）

②我在网上的言行都是自己的真实想法。

③我能很好地控制自己上网的时间。

④对于网络游戏中的暴力场面，我觉得很过瘾。(反向题)

⑤我认为“网络满足了现实中的自我缺陷”这句话是错的。

⑥我上网是为了与亲朋好友联系。

⑦我上网是为了娱乐，譬如，玩网络游戏、购物。(反向题)

⑧我上网是为了查询信息、学习知识。

⑨您认为网络中出现了与现实不一致的言行，主要原因是:

附录4　2019年度大学生思想政治教育工作考核指标体系

二级指标		三级指标		分值	考核基准分依据	得分
1	组织领导（13分）	工作定位与思路		2分	1. 大学生思想政治工作纳入单位事业发展规划，有明确的考核目标。1分	
					2. 大学生思想政治工作纳入本单位党委年度工作计划，有明确分工和年度考核指标。1分	
				3分	1. 把“育人为本，德育为先”作为师德考核的一项内容，在学院（部）职工考核方案中有具体体现。2分	
					2. 学院积极参与“立德树人”我心中最喜爱的老师评选，有获得“立德树人”我心中最喜爱的老师奖。1分	
		领导体制与工作机制		8分	1. 院级大学生思想政治教育工作领导小组组织健全，学院党委每学期至少召开一次专门工作会。2分	
					2. 有落实学校大学生思想政治教育工作有关制度的实施办法。2分	
					3. 建立辅导员和班主任、研究生辅导员与导师沟通机制。2分	
					4. 院级大学生思想政治教育工作体系完整，大学生思想政治教育工作年初有计划，年末有总结。2分	

续表

二级指标		三级指标		分值	考核基准分依据	得分
2	队伍建设（42 分）	辅导员队伍建设		32 分	1. 按师生比不低于 1 : 200 设置专、本、研辅导员（含聘任制专职辅导员、全职兼职辅导员以及按 3 : 1 配比的兼职辅导员），10 分；师生比达不到要求，在 1 : 200—1 : 300 的扣 5 分，比例在 1 : 300 以上的扣 8 分；团委配有专职书记 2 分	
					2. 辅导员参加校级以上培训学时达到 40 学时 / 人 / 年，4 分；20% 以下的辅导员达不到扣 1 分；20%—50% 达不到扣 2 分；50% 以上达不到扣 3 分	
					3. 在校发岗贴的基础上学院有给予辅导员的其他待遇辅助政策。4 分	
					4. 学院辅导员参加辅导员工作室工作，2 分；有辅导员工作室负责人，2 分	
					5. 学院有辅导员工作的管理文件，完善配套相关制度，并确保各项要求落实到位。4 分	
					6. 辅导员均有学术研究方向，积极参加学术团队活动，参与思想政治教育校级课题 1 分，省部级课题 1 分；公开发表思想政治教育研究论文 1 分，核心期刊以上 1 分	
		学生干部队伍建设		10 分	1. 有健全的党团学组织机构。2 分	
					2. 定期开展学生干部培训。4 分	
					3. 有院级学生干部队伍培养体系以及学生干部选拔、培养和考核管理办法。4 分	

续表

二级指标		三级指标		分值	考核基准分依据	得分
3	课堂外思想政治教育（106分）	主题教育		30分	1. 学院积极参与学校主题教育活动及科技节、学术月等活动，并制订工作方案，3分；形成工作简报、进行成果展示，4分；组织活动总结，3分	
					2. 学院积极探索形成结合学生特点和学院实际特色的品牌活动，并取得良好效果。10分	
					3. 学院利用新媒体网络平台开展网络思想政治教育活动，利用微信公众号制作微信推送，2分；新闻网、信息门户等平台定期发布工作信息，2分；其他形式的教育和宣传，2分	
					4. 主题教育成果参加校级及以上评选活动。4分	
		新生教育		14分	1. 学院定期召开新生工作专题会议，有新生工作方案和新生工作自评报告总结。2分	
					2. 落实学校关于新生教育工作的全校引导性教育活动，结合学院特点开展系列教育活动，营造新生教育的良好氛围。2分	
					3. 院长、学科带头人为新生上第一课。2分	
					4. 本科新生发展状况问卷调查参测率达学校要求及以上，2分；按要求组织新生完成校规校纪考试，2分	
					5. 定期开展新生座谈会，2分；开展新生对教育、教学活动满意度调查，2分	
		班级建设		17分	1. 以班级为载体开展思想建设、学风建设，2分；开展诚信教育，2分	
					2. 进行班级文化建设，鼓励打造符合班级特色的文化品牌活动或制度。2分	
					3. 形成党支部或党小组与团支部、班委会协同工作机制方案并实施。2分	

续表

二级指标		三级指标		分值	考核基准分依据	得分
3	课堂外思想政治教育（106分）	班级建设		17分	4. 按要求参与“百强示范班”建设，培育优秀班集体。2分	
					5. 有校级十佳班集体奖励，3分；有校级十佳班集体提名奖励，2分	
					6. 入围北京高校“我的班级我的家”优秀班集体创建评选活动。2分	
		学生发展指导		30分	1. 定期上报心理危机报表和及时有效处理心理危机学生，3分；积极组织学生参与心理普查和约谈工作，3分；积极举办和参加心理健康宣传教育活动，2分；积极组织和参加心理委员培训，2分	
					2. 学院定期统计学困生数据并及时实施帮扶，认真开展“杰出学子”计划、星火基金项目、研究生科技基金项目等。5分	
					3. 学院积极组织学生参加学业辅导活动或组织学院特色的学业辅导活动，调动专任教师积极性。5分	
					4. 学院制定有资助相关制度、家庭经济困难生资格认定档案齐全、各类资助工作流程规范、开展资助育人活动、按照要求报送各种资助材料。10分	
		国防教育与征兵工作		15分	1. 配备专人（专职或兼职）负责学院国防与安全教育工作，完成大学生军训、征兵和相关的国防教育工作。4分	
					2. 当年完成应征报名人数（含）、体检合格人数（含）、征兵任务数（含）的，各2分，共计6分，没完成的分别扣除相应分数。超额完成“征兵任务数”的，加0.5分。在征兵宣传中有突出效果的，加0.5分	
					3. 有维护学生安全稳定的综合防控机制和突发事件紧急处置预案，处理及时妥当，经常性开展学生安全教育。5分	

续表

二级指标		三级指标		分值	考核基准分依据	得分
4	共青团工作（50分）	思想引领与基层组织建设		20分	1. 组织团员青年学习党、团的基本理论知识和会议精神。2分	
					2. 以重大历史纪念日、节日为契机，监督和指导各团支部开展主题教育活动。2分	
					3. 有健全的基层团组织体系，按照要求开展好发展团员、团费收缴、团内统计等基础团建工作，指导团支部按照要求开展“三会两制一课”等日常活动，有完善的“推优”工作制度。2分	
					4. 严格执行团的代表大会、学生代表大会定期召开制度。3分	
					5. 全面推行班级团支部与班委会一体化运行机制。3分	
					6. 学院（部）配有专职团委书记，按照管理重点岗配备管理；建立从青年教师中选任至少1名兼职副书记、从学生中选任至少2名兼职副书记的制度，3分	
					7. 院级党委每年至少召开1次专题会议研究团的工作。1分	
					8. 共青团工作目标管理考核优秀，4分；合格，2分；不合格，0分	
		科技实践		10分	1. 有健全的学生科技创新工作机制，定期开展学生科技创新宣传普及活动。2分	
					2. 积极组织参加“鼎新杯”大赛，获得“鼎新杯”及优胜杯，4分；有作品进入复赛，2分	
					3. 积极做好“星火基金”的选拔、中期及结题考核工作，结题率不低于90%，2分	
					4. 积极做好“国家大学生创新创业训练计划”的选拔、中期及结题考核工作，结题率不低于80%，2分	

续表

二级指标		三级指标		分值	考核基准分依据	得分
4	共青团工作（50分）	社会实践与志愿服务		10分	1. 按照要求组织开展暑期社会实践，至少组织1支社会实践团队，2分；积极参与团中央、团市委各类社会实践活动评选工作，获得校级及以上社会实践奖项，2分	
					2. 认真组织国际志愿服务、大型活动志愿服务工作，参与学生一经遴选进入相关服务项目，不能无故弃权。3分	
					3. 有院级志愿者组织，做好志愿北京平台注册、志愿活动申报及志愿服务时长认证等工作。2分	
					4. 有校级就业创业见习基地，基地每期提供不少于30个岗位。1分	
		美育教育及文体活动		10分	1. 积极参与校园文化节相关活动，有品牌活动展示且每学年至少开展院级校园文化活动4场，2分；获文化繁荣贡献奖或优秀组织奖，1分；获五四艺术展演各级别奖项，1分	
					2. 根据学院特色，制订美育教育工作方案，组织参加美育实践活动。2分	
					3. 建立院级学生文艺团体，保障日常训练并参加学校及以上级别的相关文艺活动。2分	
					4. 建立院级学生体育运动队，保障日常训练，制订学院体育锻炼计划，每周至少组织1项学生体育运动；积极参加相关学校及以上级别的体育活动，2分	
5	条件保障（19分）	学生体质健康		5分	1. 学生参加体质测试率，95%以上的，1分；90%—95%的，0.5分	
					2. 学生体质测试合格率，85%以上的，2分；70%—85%的，1分	
					3. 学生体质测试优良率，70%以上的，2分；50%—70%的，1分	

续表

二级指标		三级指标		分值	考核基准分依据	得分
5	条件保障（19分）	学生教育活动经费投入		2分	1. 学院有大学生思想政治教育工作专门经费。2分	
		安全稳定		2分	2. 有维护学生安全稳定的综合防控机制和突发事件紧急处置预案，处理及时妥当，经常性开展学生安全教育。5分	
		学工系统信息维护工作		10分	3. 按要求通过学工系统开展工作。每学期初完成系统中辅导员和学生的信息更新，之后有学籍异动情况，逐一进行更新，保证信息真实、准确。10分（信息准确度为100%的，计10分；准确度为80%的，计8分；准确度低于80%的，计0分）	
	小计			230分		
6	附加指标	加分项			1. 获得北京高校红色“1+1”示范活动一等奖，加5分；二等奖，加3分；三等奖，加2分；鼓励奖，加1分	
					2. 获得全国辅导员素质能力大赛一等奖，加10分；二等奖，加8分；三等奖，加6分；获得北京市辅导员素质能力大赛一等奖，加6分；二等奖，加4分；三等奖加2分；获得北京市十佳辅导员，加6分	
					3. 参加“挑战杯”全国大学生课外学术作品竞赛（“创青春全国大学生创业大赛”），获得全国特等奖，加7分；一等奖（金奖），加5分；二等奖（银奖），加3分；三等奖（铜奖），加2分；有作品进入全国终审答辩，加1分（只给第一作者所在学院加分）	
		扣分项			1. 辅导员信息及学院学生相关信息（含学生家庭联系方式等）统计上报有误，扣2分；出现学生危机事件且因上报的学生信息有误造成与家长联络滞后的，扣5分	
					2. 奖学金、优秀毕业生申报过程中，因审核失误造成上报数据不符实、有误的，扣3分	

续表

二级指标	三级指标		分值	考核基准分依据	得分
指标说明	1. 以上表中相关数据由学生工作部、学生发展指导中心、研究生工作部、校团委认定				
	2. 数据统计周期为：考核年度 1 月 1 日至 12 月 31 日				
	3. 新生教育考核 2018 级新生工作				
	4. 同一加分项同一年多级受奖的，以最高奖计分标准加分，不重复累计				

附录 5　北京工业大学新生工作评估标准（试行）

一级指标	二级指标	评估分值	测评要素	检查内容	评估参考	自评分
1. 领导重视	1.1 领导重视	10	学院对新生工作高度重视，纳入学院人才培养体系；有主管学院领导负责，成立专门领导小组，工作机制健全；学院党政会议专题研究，制订专门工作规划并进行部署、检查	1. 学院新生工作规划，学院新生工作计划和总结； 2. 工作机构成立文件及学院新生工作会议记录； 3. 其他工作文件	1. 没有制订新生工作规划扣 1 分，缺少新生工作计划和总结各扣 0.5—1 分； 2. 没有成立专门领导小组、机构成立不满一年或机构运转不畅扣 1—2 分； 3. 研究、部署和检查等环节落实情况不好扣 0.5—1 分	
2. 新生课程与教学	2.1 新生课程与教学	20	抓好公共基础课的课堂教学工作；各专业都要开设新生研讨课，加强对学生学习方法的指导，推进研究性教学；各学院院长和学科带头人要为新生上好第一节课；提高公共基础课的教学质量，加强课程中间环节的考试，畅通任课教师与班主任和辅导员的沟通渠道；课堂教学情况好	1. 基础课教学课堂常规情况； 2. 新生研讨课的开课情况； 3. 院长、学科带头人新生第一课相关材料； 4. 新生基础课出勤率、通过率，基础课不及格门次，试读人数情况； 5. 新生辅导员、班主任与任课教师沟通情况	1. 基础课教学课堂常规不佳扣 1—2 分； 2. 新生研讨课开课情况不佳扣 1—2 分； 3. 院长、学科带头人新生第一课落实不佳扣 1—2 分； 4. 新生基础课出勤率、通过率低，基础课不及格门次多酌情扣 1—3 分；试读人数基数为学院新生人数的 2%，每增加一人扣 1 分； 5. 新生辅导员、班主任与任课教师沟通情况不佳扣 1—2 分	

续表

一级指标	二级指标	评估分值	测评要素	检查内容	评估参考	自评分
3. 新生教育内容	3.1 教育内容	20	面向全院新生开展大学适应教育、行为养成教育、理想信念教育、专业认知教育、大学文化教育、知校爱校教育为内容的系列教育活动，通过多种形式和渠道，营造新生教育的良好氛围	1. 近一年学院开展新生教育活动的相关文字影像资料； 2. 学院新生教育内容丰富，涉及新生教育内容的各个方面； 3. 新生教育活动学生参与情况	1. 开展新生教育活动少或形式单一扣1—3分； 2. 新生教育活动学生参与率低扣1—3分	
4. 条件保障	4.1 新生工作队伍建设	15	为每个新生班配备专职辅导员和班主任，其中专职辅导员按师生比1∶200配备，班主任按每班一名配备；配备一定数量的兼职人员；选拔学业优秀、素质全面、有奉献精神的优秀研究生和高年级本科生担任新生助理辅导员	1. 专兼职人员配备情况； 2. 院长、学科带头人、知名教授、中青年骨干教师参与新生教育工作情况； 3. 专兼职人员接受培训情况； 4. 专职人员开展科研、发表与工作相关论文情况	1. 专职人员配备没有达标，每少1人扣1分，扣满3分为止； 2. 院长、学科带头人、知名教授、中青年骨干教师参与新生教育工作落实情况不佳扣1—3分； 3. 专兼职人员接受培训情况不佳扣1—2分； 4. 专职人员开展科研、发表与工作相关论文情况不佳扣1—2分	
	4.2 经费投入	5	按每年生均经费不少于10元的标准设立新生工作经费，并根据需要配置相应专项经费	1. 近一年新生工作经费预算及使用情况； 2. 专项经费及使用情况	1. 新生工作经费落实未达标，生均经费每少1元扣1分，扣满3分为止； 2. 没有根据工作需要配置专项经费扣1—2分	

续表

一级指标	二级指标	评估分值	测评要素	检查内容	评估参考	自评分
5. 特色工作	5.1 特色工作	10	根据本院学生需要开展有特色的工作，对新生教育发展起到积极促进作用	1. 体现特色工作的文件、经验总结材料及影像资料； 2. 特色工作效果及获奖情况	无特色工作或特色不突出扣 1—5 分	
6. 工作效果	6.1 工作效果	20	在校院两级管理模式下，学院的新生工作及各项教育活动能够正常开展，学生能够了解高等教育的目的和大学的使命，明确入学的目的，了解大学的期望；新生很好地完成角色转变，度过新生适应期；学院新生教育工作可持续开展，能够为新生适应提供积极的帮助，为新生营造减少焦虑、有利于积极态度和提高学习兴奋度的氛围	1. 学生对教学、教育活动的反馈情况； 2. 学生明确大学期间的目标，能够与师长、同学和其他人建立和谐关系； 3. 学生可以对学习、实践、社团活动等做出理智选择； 4. 近一年学生出现突发事件的应对情况； 5. 师生对新生教育工作的知晓度； 6. 学生的精神面貌	1. 学生对教学、教育活动开展不满意扣 1—3 分； 2. 没有给学生提供足够信息和氛围使学生能够做出理智选择的扣 1—3 分； 3. 近一年出现学生突发事件后应对情况不佳，出现重大纰漏或事件扣 1—3 分； 4. 师生对新生教育工作的知晓度低扣 1—2 分； 5. 学生精神面貌状况不佳的扣 1—2 分	
总分						

说明：

1. 本《标准》一级指标 6 项，二级指标 7 项，评估分值总计 100 分；

2. 评估结论分为 A 级（分值≥90）优秀，B 级（90> 分值≥80）良好，C 级（80> 分值≥60）合格，D 级（分值 <60）不合格；

3. 评估方式为查阅资料、召开座谈会、听课和问卷调查等。

参 考 文 献

[1] 马克思，恩格斯 . 马克思恩格斯全集，[M] . 北京：人民出版社，1971.

[2] 毛泽东 . 毛泽东选集 [M] . 北京：人民出版社，1991.

[3] 习近平 . 决胜全面建成小康社会夺取新时代中国特色社会主义伟大胜利 [M] . 北京：人民出版社，2017.

[4] 习近平 . 习近平在纪念五四运动 100 周年大会上的讲话 [N] . 人民日报，2019-04-30.

[5] 吴鼎福，诸文蔚 . 教育生态学 [M] . 南京：江苏教育出版社，2000.

[6] 陆庆壬 . 思想政治教育学原理 [M] . 北京：高等教育出版社，1991.